En defensa de la infelicidad

快樂是一種選擇

★ 100% 提高幸福感的理想生存方式 ★

Alejandro Cencerrado

亞歷山大・塞拉多 —— 著
葉淑吟 —— 譯

獻給我的阿姨瑪莉亞・朵樂絲（María Dolores），她在二〇一一年二月十四日長眠。我們唯一感到欣慰的是，知道妳曾經和我們度過非常快樂的時光。

目錄
Contents

· **備受爭議的評估快樂方法** ·

快樂無法評估 009

如何評估快樂 019

哥本哈根快樂學院 033

· **為什麼快樂是不可能的？** ·

快樂的內在循環 042

二十三歲那年，我的快樂出現難以解釋的變化 085

記憶偏誤 091

如果不可能快樂，快樂的科學有什麼用？ 095

· **福祉的新狀態** ·

評估進步的新方法 113

完美主義社會的樣貌 125

高壓社會的景象 171

孤獨社會的樣貌 221

後記：最後，我們從現在開始，該對進步有什麼期待？ 269

備受爭議的
評估快樂方法

★

En defensa de la infelicidad

快樂無法評估

這句話我不知道聽過多少次，我能理解為什麼評估快樂會引起這麼多疑問。但快樂是可以評估的，我花了將近十七年的時間做這件事，而且不止我一個，世界上有越來越多的機構在評估快樂，包括企業團體、健檢中心、學校或安養中心。進行評估，是因為知道從評估獲得的數據，可以改變人們的生活。

在我寫到這裡的同時，也就是二〇二一年九月十五日，距我開始記下我的快樂分數已經六千零五十天，或者說已經十六年又七個月。我開始記錄的那年是十七歲，並且剛剛過完十八歲生日，現在我已經三十四歲。

這些年來，我熬過手頭拮据的日子，移住三個不同國家，從擁有一支諾基亞手機到一支智慧型手機⋯⋯今天，當我想要回顧那些日子，我可以找到在新冠肺炎疫情流行期間、大喜之日，或知道驗孕棒出現兩條線的那天，我的內心感受⋯

二〇二〇年三月四日禮拜三。五分無加分無扣分。

這或許是我人生中最重要的日子之一……米的驗孕棒是兩條線，所以我們知道這個寶寶將會在十一月報到，而現在我們還不認識他……我很難想像這對我的人生代表著什麼意義；接下來要決定取名，要覺悟我和米獨處的耶誕節已經過去。我很高興看到米在手機的另一頭哭了起來，她是那樣美麗，同時我知道她是世界上所有女孩中，注定當我孩子母親的那一個……

這是取自我的日記的真實範例，現在，讓我來解釋開頭的計分（五分無加分無扣分），看看我是怎麼評估快樂的分數。

其實我記錄日常生活，通常不會寫這麼長的段落。而在智慧手機出現前，每當我想記錄我的快樂，手邊並不是隨時都有工具，因此有許多年時間，我只用麥克筆，在銀行贈送給我父母的月曆本上，寫下從零到十之間的分數。

記在二〇一〇年某個月份每一天的分數，代表我在二十三歲那年的快樂，平凡的一天通常打五分，難以想像的倒楣日打零分，十分是最高分。二〇一〇年一月，我的分數沒超過六分，也沒低於四分。

當我記錄這種分數，是指不好也不壞。每一晚上床睡覺前，我會問自己這一天的心情，我希不希望明天再重溫一次。如果答案是肯定的，那麼我會打五分以上；如果是否定的，就是五分以下；如果我不太確定，我會打五分，也就是平凡的一天。在這十六年間，我還沒打過零分以上，因為我總想著以後的日子會比現在更好或更差。然而，我也打過兩次九分，那是我開始記錄我的快樂以後，一輩子最幸福的日子。在低分部分，我打過兩次一分：一天是二〇〇六年一月七日，另一天是二〇〇七年十一月十八日；第二次是享用一個生蠔後得腸胃炎，害我倒在床上痛了好幾個小時，每三十分鐘就嘔吐一次，另一次我不記得原因，因為那時我還沒開始寫日記。

除了記下快樂的分數外，我也從八年半前開始寫日記，解釋那一天的狀況，特別會著墨在影響心情的事件。也因為這樣，現在我可以把我的快樂，和愛情、家庭、朋友或工作串接起來；我可以計算我有多麼快樂，而大致上，就是那一天跟對的人在一起，或者不快樂，是因為前一晚狂歡後宿醉和頭痛的報應等等。日記也讓我揭開我從不知道的情緒模式。譬如，我發現我放得開的日子，交替出現的頻率大概是兩個禮拜，這是我在不久之前才注意到的。甚至我還能回頭查證，我在人生的某些時刻是不是真如記憶中那樣快樂，我可以重溫到印尼的旅行，或者在哥本哈根度過的凜冽冬天，是怎麼樣的感覺。

我在這裡讓大家看一個實例，我是怎麼描寫那段冬天的日子⋯

二〇一九年一月二十七日禮拜天。四分加一分無扣分。

我頭好痛，因為感冒了，我悶在家裡太久，覺得很無聊。我和米去了市中心一趟，我們玩了桌上足球，吃了可麗餅充飢，回家後看完一部電影。回到家是這一天最令人開心的事，雖然沙發不太舒服，有點美中不足。我因為生病，整個人看起來醜不啦嘰，沒有自信，我也能感覺到米不太喜歡，但是我問她，她卻否認，不過語氣不太肯定。此外，天氣冷得要命，還下著雨，所以我們不得不選擇搭火車，悶在家太久，我們都覺得自己變胖了。

各位看到了，我在日期後面記下四分，這是我對這一天的快樂所打的分數，代表我這一天不太快樂。我在四分後面又寫下「加一分無扣分」，這是我讀物理學之後養成的一種科學偏誤。「加一分無扣分」意謂，儘管我替這一天的快樂打四分，卻可以是五分（加一分），但是我很確定不低於四分（無扣分），這是我們在物理學所稱的測量誤差，我說服自己相信我打的分數，在一定誤差範圍內是準確的。事實上，要替我們的快樂打正確的分數，沒有那麼容易。

讀完我在二〇一九年一月二十七日的這一篇日記，大概可以了解我那天過得不太快

012

樂，主要是天氣太差，但是也因為我們不得不關在家裡，還有我有點自信心低落。因為每天記錄，加上認真分析資料，我十分清楚下雨天會如何影響我的心情，和看著照片中醜陋的自己，快樂會下降多少，或者有女朋友在身邊，可以忍受冬天到什麼程度。

我已經忘記當初是什麼理由而開始這個日記計畫，我只記得，開始的那段日子，我幾乎快待不住家裡了——至少這是深深刻在我青少年腦袋裡的回憶。當時我的父母吵架已經是家常便飯，我經常問自己，為什麼我們彼此相愛，還是過得不快樂。

在那時，我經常跟一個好朋友逗留在校門口，聊些哲學方面的話題，有一天，他突然冒出一個問題：「如果我們不快樂，是不是還會希望長生不死，或者相反，我們很快樂，是因為人生苦短。」我不記得我們得出哪個答案，但這個問題讓我開始思考，如果我在這輩子最渴望的是過得快樂，那麼我應該要認真看待。我心想：「我應該要寫下我在哪個時間感到快樂，設法知道原因，好讓快樂延續下去。」我這麼一寫，將近十七年已經一溜煙過去。

當我跟人們聊起這個話題，他們的反應有千百種，不過，第一個反應大多是驚訝。然而有趣的是，接下來他們通常會討論快樂對每個人的定義。我們對這個話題千言萬語說不盡，每個人都清楚自己能在哪裡找到快樂，真正成功的卻沒幾個。

我不止一次聽到，他們在知道我的做法後往往會問，或許不停鑽研快樂，反而會適得其反？也許我永遠無法確認，到底我的做法會不會有負面結果，因為我已經不能把所

013

有學到的東西還回去。因此，我的一位好朋友經常說，從我的日記可以找到我們已經遺忘的旅行，那裡掩埋了當時不太愉快的細節，我對快樂的研究，他卻已經淡忘。這是我的日記的另一個負面結果，但儘管日記有缺點，我可能永遠不知道答案。譬如，交不交女朋友，對我來說哪個比較快樂？我真的樂於性愛，即使要耗費大量心神又要忍受可能的挫折？我領的薪水，真的足以讓我快樂到繼續待在工作崗位上？多虧所有記下的東西，這些問題此刻都有答案。

如果說我在這三年學到什麼，那就是我不能只憑記憶或直覺回答這些問題，因為這兩者都有偏誤。譬如，記憶最嚴重的一個偏誤，是我們跟另一半冷戰幾個禮拜以後，記憶傾向於忘記曾經的美好時光。那嚴重的程度，甚至到了跟另一半冷戰幾個禮拜以後，可能會忘記吵了多久，最後心想，兩人的關係其實一直以來都很差。但是若能重溫日記，或許會感到驚喜。

記下每天快樂或不快樂的日常，心情好或壞是什麼原因，就像記錄收支一樣，這能讓我們比較容易了解實際支出多少，如果想多存一點，應該要削減哪一些。幸虧我在這些年來，每日記下自己在各種情境的感受，因而能戳破許多曾經以為是美好人生的神話，專注在乍看沒那麼重要但長期對我有益處的事情上。

回到檢視我每日跟不同人在一起的感受，若不是記錄讓我一目了然，我不會發現我

014

其實早已察覺的模式，只是以前從未停下來思考。譬如，當我跟兩個朋友在一起時，特別對自己的外表感到不自在，因為他們經常運動，偶爾會帶著不屑的語氣批評不保養身材的人。事實上，我已經察覺這件事，只是透過日記更加肯定，當我跟他們在一起時，總會感到自信心低落，就某種方式來說，他們對第三者的批評對我有負面影響，讓我感到自卑。

還有一位女性朋友也對我有一種不可思議的影響：每次跟她在一起，當天的日記就會寫滿對女朋友的不安全感。原因是這位女性朋友經常在我面前批評她不喜歡的男生的缺點，我欣賞她的坦白，但是我總是惶惶不安回家，看著途中的櫥窗倒影，想著我的女友該不會也像我的女性朋友一樣數落我。

二〇一六年七月三十一日禮拜天。五分無加分無扣分。

我打開大門，瞥見自己有點乾瘦的鏡中倒影，我想起了琵昨天說的話，當時我們正在玩她欣賞哪些從她身邊經過的人的遊戲，她說：「某個人挺帥的，可惜太瘦了。」於是我問自己：「蒂該不會也覺得我太瘦？」⋯⋯當我回到公寓時，已經開始編織各種蒂是不是真心喜歡我的揣想。要播下不安的種子，怎麼簡單啊⋯⋯恐懼失去她，或者不知道自己是不是值得被愛，茁壯成為了嫉妒和不安。

這是我受影響後寫下的感想，很簡單的就是我感覺到自己心煩意亂。她的批評悄悄的而且輕而易舉滲進我的思考鏈，我甚至沒發現自己的不安感來自她前一天無心的批評。

我發現我只要對照片或鏡子中的自己沒自信，或聽到某個人批評其他人外表，接下來一整天都會擔心自己的身材。這個發現對我改善自信有很大幫助。

這類批評會影響我的另一個理由是，就某方面來說，我們每個人都有自卑的時候，像是聽到其他人是「為我們好」而數落我們，或者「如果他們不跟我們說，沒有人會說」。

然而，我從日記學到，當有人讓我們對自己感到不自在，通常很少對我們有正面幫助，我和這種朋友在一起從沒有自在過。因為一再察覺這件事，加上從檢視日記確定我的自

信沒有提升，我學會了接受自己的感受，謹記哪些人會讓我感到自在或不自在，試著和無法讓我快樂的人保持一定距離。我相當敬重他們其中一些人，本來以為他們是為我好，但卻是讓我感到難受。當有人為你好，可以偶爾糾正你，但是要有個限度。長期下來，喜歡你的人應該要讓你感到自在才對。儘管有些時候，我無法限制自己跟他們在一起的時間，但至少我能分辨他們的批評，把這些話放在我腦袋中的「禁區」，時時保持警覺，不讓「不安全感」在我的內心萌芽。換句話說，一本記錄快樂的日記是非常棒的過濾器，能把讓我們不舒服的人掃出我們的生活。

如何評估快樂

如果你想要學我寫日記，從今天就可以開始。要完成這件事，你只需要手邊有一張紙或一支手機，每天晚上記下你的一天。重要的是寫上日期，然後對你的快樂打分數（從零到十）。最後，記下所有影響你的事物。當你寫下感受時，一定要盡可能清楚，這能讓你慢慢學會分辨，所有的怒氣、罪惡感、無聊，和其他許多情緒的濃淡色調，或許看似差不多，但其實有非常大的差別。

還有非常重要的是，你要分開寫下早上、下午和晚上的感受，試著客觀描述一天的每個部分，千萬別讓晚上最後發生的事占據你的心頭，因為這可能會影響你對一天其他時間過度渲染負面或正面的色彩。當你記下你的快樂時，如果感到被某種特定的情緒束縛，最好能暫停一下，緩和情緒，或者先別記錄這一天，以免情緒的偏誤影響你對那天其他時間的客觀判斷。

以零到十分的表來看，如果你覺得難以替你的快樂打五分、七分或三分，我有個非常非常有用的建議：回想感受，問自己明天是不是想過得跟今天一樣。如同我之前說過，如果答案是肯定的，那麼我會打高於五分；如果相反，我希望不要重溫這一天，那麼就

讓我再來舉個例子,讓各位瞧瞧我怎麼過完今天。我在寫下這段話時,人正在哥本哈根一間非常舒適的咖啡館,桌上有一杯咖啡,我很享受寫作,這能讓我暫時拋下我的問題。早上,我送我爸媽到機場,我們在那裡聊了一會兒,沒上演什麼哭天搶地或溫馨感人的畫面。我在幾年前離家獨立,當時感到撕心裂肺,但是今天我能不帶太多感傷道別,因為我們已經道別過好幾回。儘管下午和晚上時間還沒過完,除非有什麼特別重要的事情發生,我已能替今天打五分。因為我覺得今天過得很愉快,再重溫一次,但是能不能真的重溫不是那麼重要。這就是系統,就是這樣。有時,或許會有人不確定他的一天是六分還是七分,或者三分還是四分,但是沒關係的,一定會有不同。當日記累積的天數達一定數量,打分數的錯誤就會慢慢消失,快樂是主觀下精準的評估,這能讓你的人生更加快樂。

〉 **我們這群人越來越多**

這些年來,我遇過來自世界各地跟我很不同的人,都決定跟我做一樣的事。其中一

是少於五分;如果不太肯定,就打五分吧。每個人都有自己一套可以簡單評斷自己一天的系統,但是在各位繼續讀下去之前,我希望你能停下來想一想:「我想不想再重溫一次今天過的一天?」

020

個叫布莉姬・德萊尼（Brigid Delaney），她是澳洲《衛報》記者，從十九歲開始寫日記，到了四十八歲還樂此不疲——她告訴我她相信自己會一直寫下去。她向我生動描述，在幾十年後重讀自己的日記的感受⋯

重溫我的日記就像⋯⋯聆聽一段自己錄下的聲音。我真的聽起來是這樣？我再一次跳躍式回顧日記，從一九九九年跳到二○一二年，然後再回到二○○六年，舒緩我在讀到過去的自己時的驚嚇⋯⋯我得靜下心，每一次品嘗一小塊。我經常認不出過去的自己，擁有所有這些情感的人是誰？她做過精采的事，經歷前所未有的冒險，糾結雞毛蒜皮小事，愛上錯誤的人。

對布莉姬來說，寫日記最棒的是能夠回溯過往，看看當初發生什麼事，或者去過哪些地方；而最糟糕的是發現自己一再犯下同樣錯誤，特別是在男女關係這一塊。「不管你是十四歲、二十四歲，還是四十歲，我們都帶著一輩子無法根除的弱點。歲月過去了，你以為現在的問題來自你住的城市、你目前工作的地方，或你還沒辦法替自己買的東西。但是當你回顧人生，看到的是另外一回事。問題永遠跟著你。」

我能感同身受她的話。當一個人看見自己在二○一七年、二○一三年，和二○一八年都有同樣問題，就會明白或許不能一直把問題怪在上司和另一半身上。事實上，因為

021

日記，我發現不快樂的最常見來源之一，是經常想著若是能搬到其他地方、換個女朋友，或許能過得好一點，而這是危險的。這只是胡思亂想。此時此刻你只是沒發現，你的下一座城市、下一個上司、下一個伴侶，一樣會帶給你麻煩。

我非常驚訝的是，像我和布莉姬這樣長時間寫日記的人，竟然都得到相似的結論，那就是如果不認真持續記錄自己的感受，很難真正感受到發生的事。譬如，她有一句令我印象深刻的話，她說快樂和不快樂都是轉瞬即逝，正如同我們在這本書中看到的，或許這正是我的計畫最重要的發現，也是從十七歲那年開始記下我的快樂的關鍵：快樂不可能長時間持續。她是這麼解釋的：

我讀著自己的日記，發現了痛苦和快樂都像曇花一現。當深陷痛苦時刻，你會想著折磨看不到盡頭，但還是一樣會過去。記住這件事就好。

其中一個瞬間就消失的痛苦是離別。我們的日記在某個時間點，寫的淨是當時對我們來說就是一切的人，但是他們此刻都已不在；他們是童年玩伴、伴侶、同事等等。然而，當過了幾年沒有他們的日子，他們在日記上的名字只剩下留給我們美好回憶，能發現這一點，人就能適應一切。正如布莉姬說的：「朋友來來去去，這樣也不錯。」

可是，布莉姬寫日記的方式和我不同，這正好說明，每個人會找到自己記下感受的

方法。以她為例，她比較鬆散，她沒有每天寫日記，而是一個禮拜大概兩次，就在當她感覺到需要寫下最近幾天發生的事時。

在世界的另一端，還有個三十二歲的美國青年丹尼爾・西爾（Daniel Hill），他記錄了他的快樂兩年。丹尼爾替自己的快樂打一到十分，他不用日記形式，而是記下他的活動，因為他比較喜歡把焦點放在他能掌握的事物上，像是睡覺、玩樂、社交等等。因為這樣，他能算出睡眠時間滿八小時，相較於其他睡眠較少的日子（影響他的快樂的主因），能提升他的快樂約 9.96%，或者認識氣味相投的新朋友，能增加 6.79%（這是第二要素）。

他對他的快樂作一番分析，其中最重要的發現和布莉姬・德萊尼相似，那就是快樂和不快樂都會轉眼消失。他說：

我從這個發現中找到平靜，這真是我最大的收穫之一。快樂和不快樂都是必須而且無可避免的。如果我現在這陣子正好很不順，我會知道這是暫時的，很快就會過去⋯⋯因為我記錄兩年的資料是這麼顯示的。這幫我在遇到厄運時稍微保持平靜，而不是被擊倒。此外，這種落差極大的時刻很重要，因為厄運會教你分外珍惜好運。

丹尼爾提到的適應和落差，或許正是本書的其中重點。我和他跟布莉姬一樣，我也

在發現不快樂無法避免後,找到些許的平靜。正如同我說過,我們在人生舞台上勢必會遇到適時察覺這一幕的一幕,如我們和另一半冷戰好幾個禮拜,在這時刻,要有信心厄運會過去,尤其要了解結束一段關係或再交新的伴侶,並不會讓我們避開再一次心碎。在今日社會,離婚已逐漸常見,記住這一點特別重要。

以丹尼爾的例子來看,寫日記是接受自己對他人的感受的基本方法。像我認為要離開讓我沒安全感的人,對他卻是不去參加讓他感到不自在的社交活動⋯

我是個非常內向的人。譬如,像社交這類活動,就算我再怎麼活躍,也不一定能替我的快樂加分。

丹尼爾從發現這件事學到,當他不想和某人來往就會拒絕,因為他發現長期下來會影響他的快樂。總之,多虧日記,他算出他真正感到愉快的社交活動只有13%,其他87%都是折磨⋯

對我來說,和陌生人相處需要不斷努力:找出可以聊的話題,保持對話的節奏,聽到不好笑的笑話要笑一下,要有禮貌,聆聽無聊的故事等等。這跟我和真正有深刻交情的人在一起時非常不同,和他們在一起聊天比較自然,真正無所不聊。所以,和不太熟

024

的人相處會耗費我很多精力，我需要很長一段休息時間。

以前，丹尼爾以為是自己有問題，所以不想出門或參加社交活動，但他會強迫自己去做。現在他能接受自己的樣子。

在歐洲，命運在我的人生道路上安排了兩個人，一個在荷蘭，另一個在西班牙，他們記錄了自己的快樂非常多年。第一個是雨果・海伊耶（Hugo Huijer），我是透過一個朋友知道他，朋友讀了他的故事之後，想起了我。雨果花了七年記錄自己的快樂，方式跟我的非常類似，打的分數從一分到十分。除此之外，他也寫日記。而影響他的快樂的關鍵，是他的人際關係，更準確來說，是他跟伴侶的關係。雨果和丹尼爾一樣，透過分析快樂和不快樂之後，他發現睡眠對他的快樂加分很多。此外他清楚知道，睡得差會大大影響他的快樂，他感到不開心時，通常是睡得少。另一個重要的習慣是，雨果從日記學會信給他，向他要求多一點有關他寫日記的資料，反而遭到他拒絕。事實上，我曾為了這本書寫信給他，向他要求多一點有關他寫日記的資料，反而遭到他拒絕。事實上，我認為這一點很棒，因為這證明我們的日記真的能幫助我們改變習慣。

最後，第四個也是最後一個擁有像我一樣的日記的人，是羅莎・莫雷爾（Rosa Morel），她是西班牙人，她聽從心理醫生的建議，從二〇一六年開始寫「情緒日記」，那一年羅莎正好展開治療一種折磨她的空虛感。在她的例子中，寫日記的好處是幫她了

解一些若不是寫下來恐怕不會發現的事；但這也是壞處，因為她不得不面對自己的恐懼，和所有「藏在地毯下」的秘密。她說，日記最具療癒力量的部分，是她能在過一段時間後用比較冷靜的心情，重溫自己的想法，放下批評，當個單純的旁觀者，理解人生的那段時光發生的事。這是我們所有寫日記的人的收穫。羅莎隔著時間距離，終於能夠審視她的自尊心問題：

自尊心從非常小的年紀開始建立，跟自覺長得好看或醜陋無關。但問題是到了某個年紀之後，會想著外表決定了會不會被社會接受。這正是發生在我身上的過程。我的容貌焦慮和飲食失調問題，不單單是想變得更瘦而出現。多虧寫日記，我找到和了解真正的原因：我輕易相信我的價值來自體重而不是自己。

我的自尊被摧毀殆盡，因為我從很小開始，就替自己貼上滿滿的標籤，像是「我很差」、「我不配」、「我不夠好」。當這些評語變成內在的信念，就會反映在對自己的感覺。因此，我的周遭（中學、大學，甚至是出社會後的前幾份工作），一再出現負面耳語，導致我心想，我其實什麼都做不好，我得要改變。

真是不可思議啊，我從二十歲到二十二歲一共兩年時間，白天住在醫院參加團體療程，每天九個小時進行類似活動，分享我的感受，以克服我的飲食失調，但是我一直到了三十歲寫下日記後，才了解真相。

我不得不在日記寫下鉅細靡遺的一切，以理解我在中學和大學經歷的惡夢和累積的痛苦。寫日記，也讓我能了解為什麼我會掉進飲食失調陷阱，以為能透過改變外表而感到自在，儘管我再怎麼努力也做不到，只是得到更多的痛苦。

我們這些寫日記的人有個共通點，就是能不帶批評抒發我們的情緒。一般人要鼓起莫大勇氣，才能打開內心承認自己不擅社交、自信低落、個性害羞⋯⋯但讓大多數人驚訝的是，像丹尼爾、雨果、羅莎，或布莉姬，都沒有這個問題。原因不在於他們與生俱來這種本領，事實上，他們許多人開始寫日記，是試著想剖析這種刻意迴避而「隱藏起來」的情緒。不過，他們能一再重溫自己的感覺，當那是過往的自己演出的一段故事，因為他們已經不同昔日，他們理解若是拒絕面對情緒，可能會影響他們的人生，或認為感受自己的情緒是怪異而且不正常的。

那麼，快樂的科學的難處不是打分數方式偏向主觀，因為這是自然的，而是對自己夠不夠坦白。在現代社會，不快樂意味生活中犯了什麼錯，而這是危險的想法，因此我們傾向隱藏自己脆弱的一面。當決定我們真的想要什麼的那刻來臨，我們可能連面對自己，都可能忘了這是什麼讓我們真正快樂。這個正是我們替快樂打分數的最大障礙。

我沒辦法教你如何對自己坦白，因為我自己每天也得費盡九牛二虎之力，才能壓抑想欺騙自己的衝動。難以接受的事實還有，我們的個性比想像中還要軟弱，我們會嫉妒

其他人,我們善於吃醋,我們不擅社交等等。

以我為例,我難以誠實面對自己的感受,最清楚的例子,是發生在九年前,我的阿姨瑪莉亞・朵樂絲過世那一天。我對她突如其來離世感到震驚不已,就某方面來說,我的內心無法承受阿姨離去。那晚到了上床時間,我得替自己的快樂打分數,我突然發現我應該有的感受,和內心真正的感受並不一樣。我讓阿姨、我的家人、我自己失望。我羞於啟齒,但是阿姨過世那天我打了五分。我是不是怪物?冷漠的變態?面對心愛的家人死去,竟然不覺得太難過?當人得面對該不該對自己的感覺誠實,就會有這種想法出現。但一定要對抗所謂「正常的感覺」,才能對自己真正誠實。如果我們想認真分析自己如何才能快樂,就該放下過去在面對每一種情況所建立的感覺。

那一天,我對自己坦白,幫我了解,快樂或不快樂不一定是出現在發生不幸或聽到好消息的那一刻。阿姨過世的消息當下並沒有打擊我,因為我的腦袋還無法完全意會嚴重性有多麼大。但我還發現在這樣類似的時刻,家族之間的連結會比任何時候都要緊密,因而出其不意的,能以一種較為美好的方式,減緩對大家的打擊。如果我沒對自己坦白,我就不可能學到所有這些我們感受的方式。

像這種狀況,可能是你記錄快樂時,所會遇到的極端例子,但重點是你認為的「正常感受」和真正感受有所不同。有時候,當我發現我沒對自己坦白,不知道該打幾分,我會問自己一個問題:「當我八十歲時,會希望看見今天這樣的自己嗎?」這個簡單的

028

問題，能幫我看清楚我的人生觀，至少在替快樂打分數時，我知道八十歲卻覺得自己年輕時不太快樂，實在是愚蠢，因為我一點也不認真看待人生。

我不知道這篇該怎麼換個方式解釋；當你記錄快樂時，不要欺騙自己，坦白一點吧，你是唯一會看這篇日記和分數的人。如果你今天不快樂，就寫出來，描述原因，儘管你羞於承認，或你不得不去承受你思念或愛上的人不能讓你快樂。不管發生什麼事，說出你真正的感受就對了，只有這樣，才能割捨無法填滿你的空虛的習慣。沒有人，即使是你的分手的伴侶、老師、上司，或是政府，都不能把失去的日子還給你；沒有人能填補你今天失去的快樂，不管是誰該要負責。只有你對自己坦白，才能知道自己真正想要什麼，像是丹尼爾接受他的內向、雨果學會拒絕，或者羅莎學會接受她的問題來自自信低落。

如果你的分數很低，也不要責備自己。當我打了低分，我所交往的人通常會驚訝，因為同樣的日子他們過得很愉快。這沒關係，因為你不是要跟其他人比誰過得比較愉快，每個人認為一天要怎麼過才值得都是不同的。總之，同樣的一天，我們和其他人的分數不同，並不永遠意味他比我們快樂，不論如何，難以知道當兩個人寫下自己的快樂，如果打相同的分數，是否真的快樂程度也相似。事實上，這也是所有主觀評分法最重要的問題，不管是你或是我都知道，我們所稱的藍色是不是真的就是出現在你和我的腦海中同樣的顏色，或者我們所說的戀愛是否對你和我而言是一樣的。正如我說過，快樂也是這樣：即使快樂的分數一樣，也不可能知道兩個不同腦袋瓜裡的感受是不是相似。但是

這並不會阻撓我們舉各種顏色溝通，或者對於被伴侶拋棄的朋友感同身受。研究快樂之所以強大，很簡單的就是我們能比較人生各個階段的快樂，因而能改善我們生命最重要的東西，提升我們的感受。

最後，我想再補充一點，供剛剛決定記錄快樂的你作參考。一般而言，如果我們的行為從沒改變，能夠很清楚知道哪些東西讓我們快樂或不快樂。因此，重要的是不時修正改進，觀察我們的生活是否因此改善。譬如，我從記錄快樂開始，每天一定喝一杯咖啡，不過我一直無法確定這種飲料對我的影響。因此就在幾個月前，我決定戒掉咖啡，觀察我的日記是不是能夠「零焦慮」。如同戒咖啡，偶爾改變其他事物也不錯（搬到其他城市、換工作、戒菸、增加運動量……），最終能提升我們的生活品質。

話雖如此，我們還是有無法改變的東西，從我們幼年緊跟隨我們到老⋯⋯我們的個性。

譬如，我們如果天生容易焦慮，是沒辦法換顆大腦，體驗如何感受人生。儘管寫日記具有強大的力量，依然不能幫助我們釐清，當我們和另一半吵架，或者我們容易感到焦慮或缺乏安全感，是不是和我們所接受的教育和我們的文化有關。要追根究柢，只有一本日記是不夠的。這時，需要比較從數千人的日記抽絲剝繭而來的資料，確定我們感受的方式是否正常，是不是其他國家的人也有同樣感受，或者在家中受到不同對待的人感受比較好。透過這本書，我們會來看這一類比較的幾個研究計畫，從「歐洲健康、老化與退休問卷調查」（SHARE），到較有名的「哈佛大學格蘭特終生研究」計畫。這些耗費

030

鉅資的研究計畫，讓我們更精準知道，事業成功或者擁有令人滿意人際關係的人，在幼年時期有什麼共通點，或者相反，那些飽受心理疾病困擾或憤世嫉俗的人又是如何。這些研究計畫的力量大於一本個人日記，讓我們得以檢視我們的壓力指數或不信任感，是否在其他人身上也很常見，或者我們身上真有什麼東西，讓我們的內心一直無法得到平靜。這些東西，光憑一張紙、一枝筆，和自己的感覺，是永遠不會知道的。勢必要比較個人、家庭和文化才能做到。

哥本哈根快樂學院

除了我個人對快樂的研究外，在四年前，我很幸運遇到一群學者，他們和我研究同樣題材已經七年，只不過他們訪談的對象是來自世界各地個村莊的大批人群。現在，我三生有幸能在哥本哈根快樂學院擔任主要資料分析師，一窺我們的計畫帶來的大量資料，拓展我本身的經驗。這份在學院的工作，主要在於剖析比其他人還要快樂的人做了些什麼，比較快樂和沒那麼快樂的社會之間的差異，告知政府和企業，以嚴謹的科學方式制定能增進人們福祉的策略。

我在學院的工作和大家想像的不同，反而很類似我的日記分析。事實上，我大多數時間都是坐在電腦前分析一篇篇來自數以千計人的資料，他們告訴我們自己有多快樂，壓力有多大，或對自己的身體是否滿意，他們來自不同國家，賺不同薪酬，健康條件不同。我的任務是從這一堆海量的資料中，爬梳出比較快樂的人和沒那麼快樂的人的不同，他們能從彼此身上學到什麼。

剛進入學院工作時，我認為快樂的研究要有用，除非透過日記完成，不與其他人比較，才能提升自己。我以為兩個不同人的快樂是無法比較的。首先，我怎麼會知道你說

的快樂,到底是不是真的?其實,這是當國家快樂指數排行榜顯示北歐人是全世界最快樂的人時,最常見的疑問:這是真的嗎?丹麥、瑞典或挪威都是陰暗寒冷的國家,他們竟然比陽光充足的國家居民還要快樂?慢慢地,我發現我對學院的疑問,正是快樂科學在全世界產生的疑問。現在我可以說,儘管有些人會說謊,人們的快樂還是可以用精準和可靠的方式計分和比較。我認為關於快樂的研究是可靠的,很簡單的就是,比較人與人之間的快樂所根據的模式,如果是撒謊或是隨機回答,是無法得出結果的。聯合國發布的「世界幸福報告」就是其中一例,這份報告只根據一個問題評分快樂:

想像有一座樓梯,從最低的零階到最高的十階。最高的那一階代表對你來說最美好的生活,最低的是可能的最悲慘生活。你現在是在哪一階呢?(0-10)

根據這個問題,分析來自一百五十個國家和每個國家大約幾千人的快樂分數,結果發現快樂和金錢的關係年復一年一直沒變。在接下來的圖,各位可以看到,這種關係使用的是「歐洲健康、老化與退休問卷調查」的資料,用類似聯合國報告的方法,評估人口的福祉。圖1中的每個黑點包含超過一百個人。

各位可以從這張圖看到,即便每個黑點包含幾百個彼此不認識的人,回答分布的趨

034

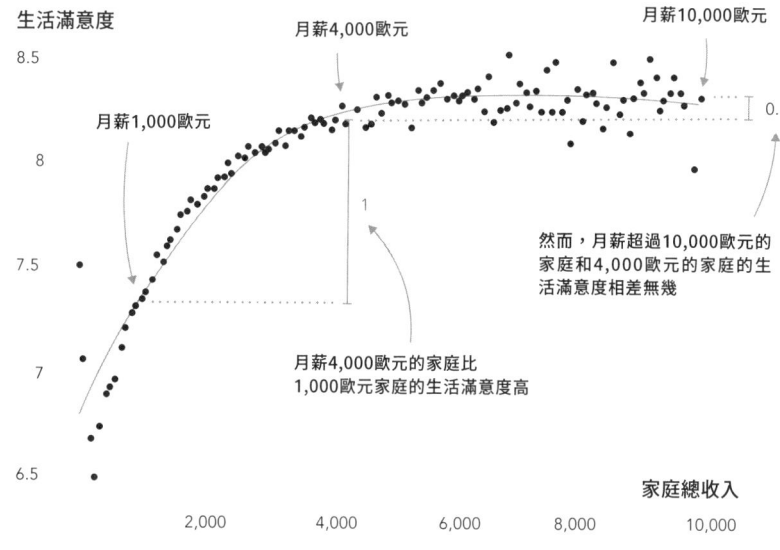

圖1：根據收入評分的生活滿意度

這份資料來自「歐洲健康、老化與退休問卷調查」在二〇〇五年和二〇一七年間針對二十八個歐洲國家進行的調查。每個黑點代表不同薪酬的生活滿意度，一共 306,117 份回答。

向依然非常清楚。這張圖告訴我們，在月收入僅有一千歐元的家庭，快樂分數非常可能比四千歐元的家庭少了一點。然而，月收入一萬歐元的家庭，快樂的平均值只能比四千歐元家庭多了0.1個點。這張圖顯示，當財富超過某個程度，就不會再為了加薪而作任何犧牲。如果生活拮据，情況就會不同。

在這些黑點中，或許有人是隨機回答關於自己的快樂的問題。或許有人說謊，因為不想承認自己其實很不快樂。或許還有些人不了解問題或自己在哪個範圍。但我們看見了生活滿意度和薪水之類的目標值之間的關係，如果不比較人與人之間快不快樂的問題，是無法得出

035

這種明顯的趨向。

如果加入其他考量,譬如每個國家支付的稅、生活成本,扶養孩子數量等等,每個家庭的經濟需求就會有所不同,對一個學生來說就可能很低。這類把所有變動因素考慮進去的研究報告,便清楚指出,歐洲快樂數值不再增加的富裕高點大約落在月薪八千三百歐元。不管如何,只要是根據薪酬分析快樂的差別,都可以看到這樣的關係。

當我們根據人均所得,比較各個國家的生活滿意度,也可以觀察到同樣的關聯性:

生活滿意度

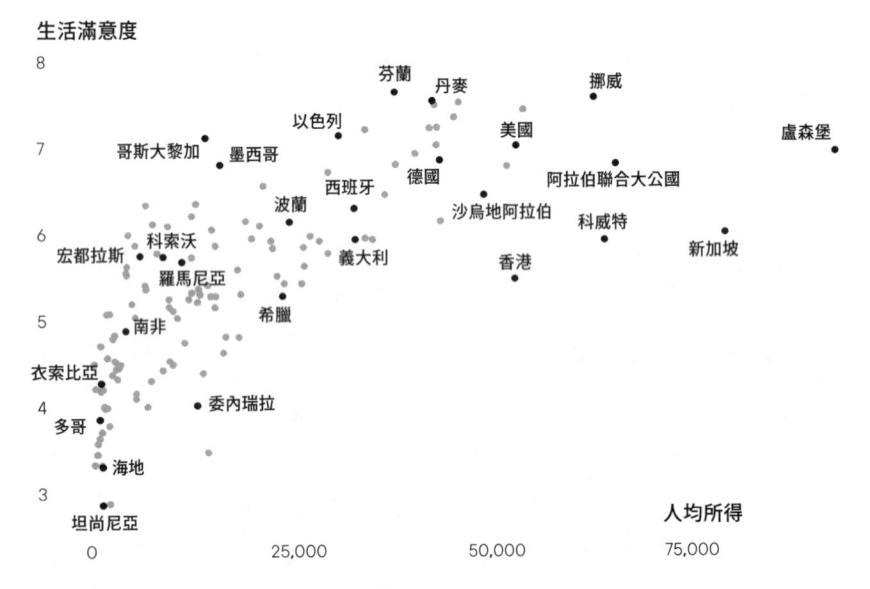

（散佈圖：橫軸為人均所得，縱軸為生活滿意度，標示國家包括芬蘭、丹麥、挪威、盧森堡、以色列、美國、哥斯大黎加、墨西哥、西班牙、德國、阿拉伯聯合大公國、波蘭、沙烏地阿拉伯、科威特、新加坡、宏都拉斯、科索沃、義大利、香港、羅馬尼亞、希臘、南非、衣索比亞、委內瑞拉、多哥、海地、坦尚尼亞等）

圖2：根據人均所得的生活滿意度

這份資料來自「蓋洛普民意調查」（Gallup）在二〇一七年和二〇一九年間替聯合國進行的「世界幸福報告」調查。每個國家包含一份大約三千個對於生活滿意度訪查的樣本,範圍是一到十分。

036

金錢不是唯一能解釋我們快樂的數值高或低的變動因素，還有很多其他待拼湊的原因。但我們都可以得出像這樣的模式，甚至根據客觀的變動因素，預測一個國家或個人的快樂數值。我相信不管是否有人隱瞞，我們還是能從快樂的資料所得出的概括統計量，抽絲剝繭出一個或許能有效引導我們社會的事實。

依我看來，如果我們以身為「福祉國家」自傲，應該要有方法認識國民的真正福祉。經濟指標是衡量我們國家進步的標準，比如失業率、國內生產毛額，或者生產力，多年來一直非常有效，能知道國家狀況是不是良好。但是這些指標已經過時，在現代社會已經無法讓我們知道生活滿意度可不可信。因此有些國家根據這些指標在不錯的排名，卻在評估快樂指數值時得到低分。如果我們希望進步帶來的是提升大家的幸福感，那麼其中一定有什麼問題發生。

總之，我現在比較快樂嗎？

接下來我必須問的是，現在的我是不是比十六年前開始寫日記時還要快樂？答案毫無疑問是否定的，我並沒有比較快樂。但是這個問題意味深長，正因為如此我寫下這本書。如果各位期待有什麼得到快樂的妙方，那恐怕要失望了。相反地，如果你們好奇想

知道,一個不覺得自己比十幾年前快樂的人,對於快樂有什麼見解?那麼各位可以繼續讀下去。

為什麼快樂是不可能的?

En defensa de la infelicidad

大致上，當我們想到快樂時，腦中會浮現特定的清晰畫面：中樂透，住在前面有一片美麗沙灘的屋子裡，位居要職，找到理想的伴侶，在高級餐廳和好朋友吃飯。我們非常清楚什麼能帶來快樂，這輩子也能得到大多數想要的東西。只是真相是，我們永遠不可能百分百快樂。

我試著在這裡解釋為什麼這種本質難以捉摸，其中一個原因是，有時我們會往錯誤的方向尋找快樂。譬如，我住在西班牙時，並沒有比現在住在丹麥快樂。然而，現在當我想像住在陽光充沛的國家會過得好一點。七年前，我賺兩千歐元就歡天喜地，但是現在我賺了兩倍的薪水卻不覺得特別快樂。這件事和其他種種例子，來自於快樂內在的變因，我在因緣際會下從自己的紀錄慢慢重建這個過程，而後我又從世界各地數千人的資料中肯定了這個事實。

快樂的內在循環

我在讀大學初嘗戀愛滋味時，發現了快樂變因的第一個拼圖，也就是快樂是經常波動的。

我希望各位在一睹這種循環並深入了解之前，先看看幾篇我直接取自日記的例子，描述的是我在那段日子的感覺。我跟心儀的蜜開始交往的那一天，是這樣寫下我的和快樂心情：

二〇一一年九月十五日禮拜四。八分無加分扣一分。

從昨天到今天，我滿腦子只有快樂；我和蜜約會，一整天都緊張兮兮；最後一切非常順利，我終於和她開始交往。我已經過於焦慮很久，但這不是從我跟蜜開始講話才開始，而是早從我和其他女孩交往失敗的經驗就開始，而那輕輕一吻，終於讓一切塵埃落定⋯我不是單方面癡心妄想，而是她也喜歡我。

各位可以看到，那天我打了八分，這是非常高的分數，在我的資料中並不常見（從我開始寫日記，那天我只打過十六次八分，也就是大概一年一次）。從那個初吻開始，和接下來的一個半禮拜，我的快樂主要來自於知道有個女孩對我朝思暮想。因此四天後，我這麼記錄那個初吻：

二〇一一年九月十九日禮拜一。六分無加分無扣分。

我和蜜在馬德里散步一整天，開始認識和熟悉彼此。這就像一種癮頭。跟蜜在一起時，我的注意力和精力都耗在她的身上，當我回到家時，平日的其他問題瞬間都回到我的身上。

我依然沉浸在快樂之中，儘管已經不像第一天是八分。到了初吻後的第十天，開始出現一些在此之前不覺得困擾的「不自在的感覺」：

043

二〇一一年九月二十五日禮拜天。五分無加分無扣分。

我一整天都跟平常一樣放鬆。晚上，我和蜜約會，我越來越熟悉吻她，她也習慣和我膩在一起。剛開始的不安消失了，取而代之的是一些不自在感，像是睡在一起（我找不到舒服的睡姿）或者妥協她想要做的事而失去自由。

從初吻的八分到睡在一張小床上而感到不自在的五分，不過短短十天。為什麼我不像剛開始那麼快樂呢？況且我現在知道她喜歡我。為什麼知道後的狂喜心情，消失得這麼快？這個接受不管是好事還是壞事的過程，是快樂波動的重要關鍵，不但能從我的日記發現，也能從快樂學院和其他團隊所進行的研究看到。在我的例子中，我替這個過程打了分數，因而清楚掌握愉悅的感覺持續了多久後消失：四天。這是我習慣幾乎任何東西所需的時間，不過還是要看情感有多強烈，還有我花了多久時間等到的。

初吻過後十天，快樂感依然繼續下降，甚至開始有負面影響。事實上，九月二十五日過後三天，我的自信心低落到不行，因為焦慮，導致我無法和戀愛對象在床上溫存，之後又陸續發生幾次，慢慢地我學到我得接受這部分的自己，因為當時我還不太適應我們已經交往，滿腦子都是她會厭倦我的想法。

心慌意亂三天過後，我們終於度過一個火熱的夜晚，我的焦慮也煙消雲散。十月四日，從初吻過後十八天，我已經重新感到自在，不過這種喜悅很快地又因為恐懼失去她而沖淡：

二○一一年十月四日禮拜二。六分無加分無扣分。

我和蜜完美契合；我們慢慢地往信任彼此的道路前進，同時兩人個性開始出現摩擦，害怕某個東西出錯，害怕搞砸，但同樣地，我們也帶著極度愉悅往前踏出每一步。

或許各位已經發現我的情緒如何高低起伏；初吻給了我彷彿會永遠快樂的保證，又害我的心情像「海浪」拋高又落低，若不是透過寫日記，我恐怕永遠都不會發現。抱著害怕失去她的心情過了八天後，我的大腦釋放出某種物質，讓我看到的一切都多了點色彩。譬如，某一天到野外踏青，因為跟她在一起，景色染上一層神奇色調：

045

二〇一一年十月十二日禮拜三。七分加一分無扣分。

今天我和蜜以及她的朋友一塊到野外踏青；我和她躺在秋天森林裡的枯葉堆上，感受到某種已經好久沒出現的特殊意義；我的腦袋興奮不已。

九天過後，快樂的變因又來干擾：

二〇一一年十月二十一日禮拜五。四分無加分無扣分。

蜜回覆訊息不像我那麼甜蜜，比較冷淡，不夠熱情。

我寫下這些話就劃下句點。當時我跟蜜交往已經三十五天，在這麼短的時間內，我的快樂已經第二次蒙上陰影，儘管她還是我愛上的那個女孩，我也還是那個熱烈追求她的人。這是我從交往的第一個月擷取的最後一篇，用來和各位解釋，我的快樂如何隨著時間變化。

如果只聽故事，很難發現發生什麼事，因為我和她之間的每個問題似乎都有正當理由，而且彼此沒有關聯：擠在一張小床上的不自在，和我的焦慮沒有關係，因為交往一切順利；她回我的簡訊少了點熱情，和我們那天去踏青沒有關係……照這樣看來，不管是好心情還是壞心情，如果事情以其他方式發展，似乎都可以避開。然而，當我把那段日子的快樂表格化，我發現，事實上是無法避免的，因為好壞心情都是註定無法逃脫的循環。在讓各位看這些循環之前，我想先讓你們瞧一瞧我是怎麼把快樂表格化。在下面的圖，你們看到的實例，是我在交往第一個月累計的快樂：

累計的快樂

初吻
9月15日
9月14日
9月18日
3
6
踏青那天
10月12日
12
10月21日
10月24日
我擔心她不夠熱情

交往第一個月

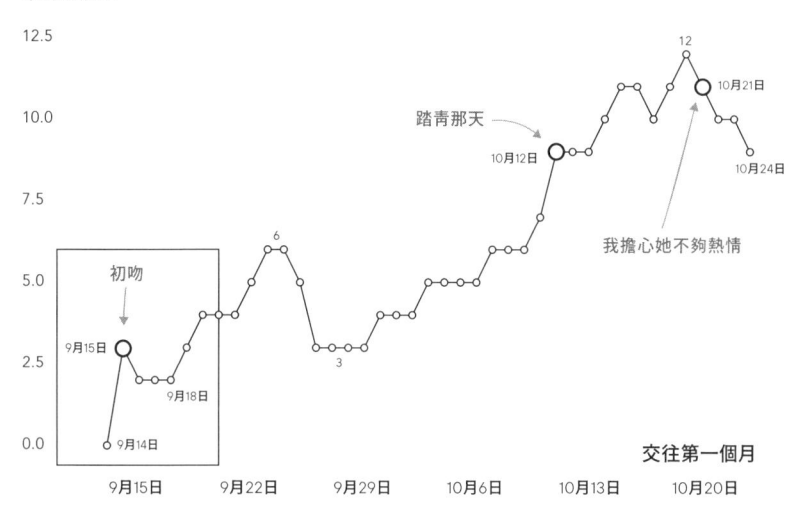

9月15日　9月22日　9月29日　10月6日　10月13日　10月20日

圖3：交往第一個月累計的快樂

047

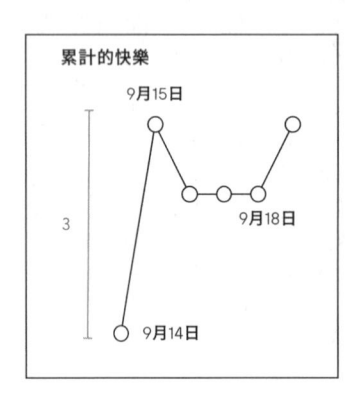

各位可以在表1中看到我所累計的快樂，這是我和蜜交往的第一筆快樂「存款」。在表中上升段是快樂時光，下跌段是不快樂的時光，也就是說，四分（有點糟的一天）意味下跌一分；三分（非常糟的一天）下跌兩分；兩分意味下跌一分，七分代表上升兩分，八分代表上升三分等等。在充滿正面能量的日子，六分代表上升一分，七分代表上升兩分，八分代表上升三分等等。

回到圖4，可以看到我和蜜的初吻在表上是八分，意謂上升三分⋯

累計的快樂

9月15日

3

9月18日

9月14日

圖4

	快樂的分數	累計的總和
非常快樂的一天	10	上升5分
	9	上升4分
	8	上升3分
	7	上升2分
	6	上升1分
普通的一天	5	持平
	4	下跌1分
	3	下跌2分
	2	下跌3分
	1	下跌4分
非常不幸的一天	0	下跌5分

表1

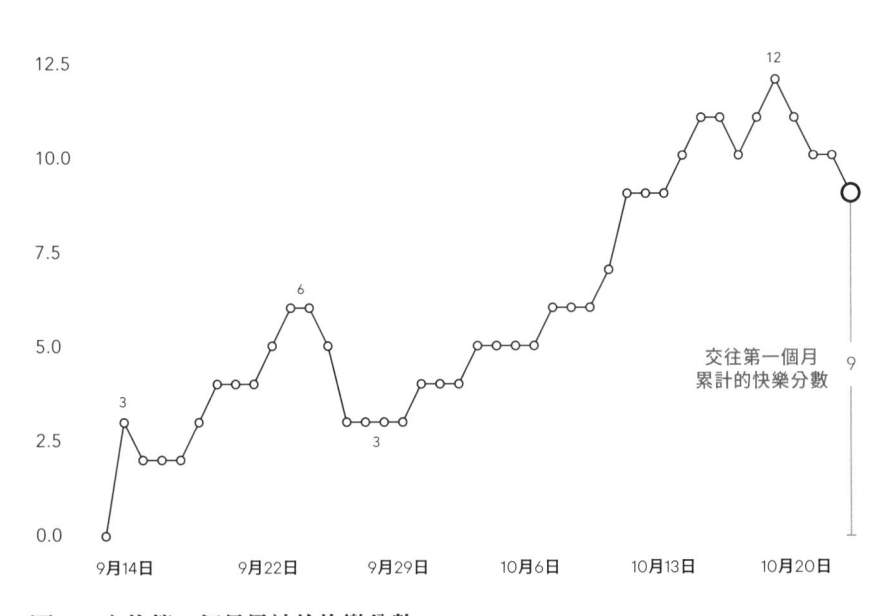

簡而言之，快樂的累計相當於我說的「快樂存款」。當我快樂時，我的「存款」增加，當我不快樂時就會消失。當我打了八分，我的存款上升三分。如果我的快樂總和比零分高，意味那段日子，我「儲存」的快樂日子比不快樂的日子還要多。根據圖5，我和蜜交往的第一個月，我存了九分的快樂。

因此，儘管有高有低，還是值得和她交往。現在各位已經理解總和或「快樂存款」，再來看看我和蜜整個交往期間，也就是從二十四歲到二十六歲，我的人生共一年半的日子⋯

交往第一個月
累計的快樂分數
9

圖5：交往第一個月累計的快樂分數

累計的快樂

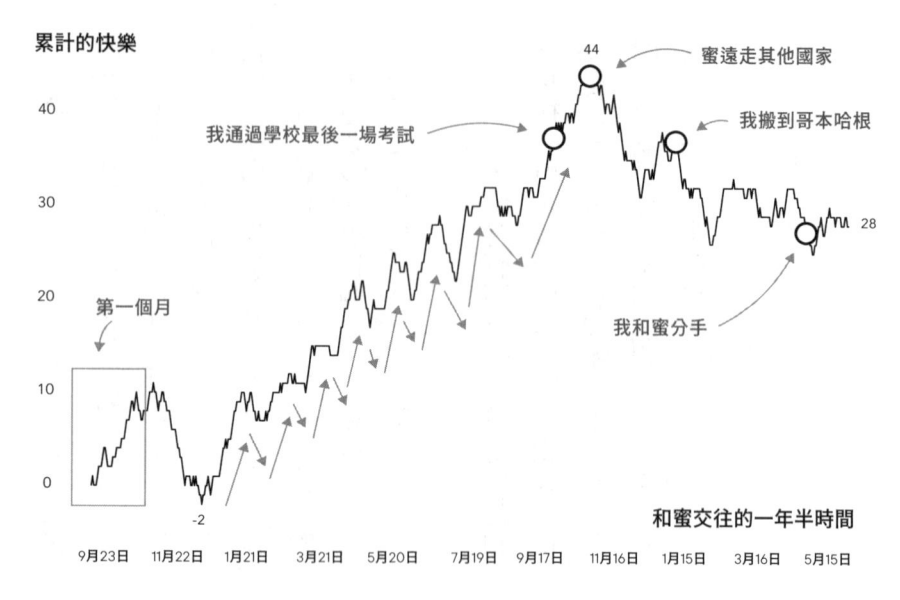

- 44 蜜遠走其他國家
- 我通過學校最後一場考試
- 我搬到哥本哈根
- 28
- 第一個月
- -2 我和蜜分手
- 和蜜交往的一年半時間

9月23日　11月22日　1月21日　3月21日　5月20日　7月19日　9月17日　11月16日　1月15日　3月16日　5月15日

圖6：從開始交往到分手累計的快樂

我在圖6左邊框出交往的第一個月，在這第一階段共遇到兩次下跌。

各位可以看到，我們的交往關係在第一年的直線是往上的，直到蜜搬到國外，我們得談遠距離戀愛。同樣的，直到那一刻為止，我們的交往歷經上升下跌的循環，我們不是沉醉在愛河，就是忍受不了彼此。儘管如此，儘管交往的第一年有高低起伏，我還是累積了四十四天快樂的日子。但是到了最後，談遠距離戀愛和其他事情，稀釋了我的快樂感，直到二〇一三年五月二十八日。

透過重溫日記，我得以重建和了解這個高低循環的過程。在上升階段，我感覺自己大致上很樂觀，對戀愛有很多想像，就像我談到和蜜的初吻的

050

那段文字一樣。隨著日子過去，想像也逐漸淡去，我開始討厭之前不在意的東西，比如擠在一起睡的不自在。這一切，遲早都會讓我思考我們的交往是不是有點問題：一開始那段日子的熱情到哪裡去了？我的心中浮現這個疑問，開始恐懼她不再喜歡我，這個疑惑也開始讓我們吵架。每次吵架好幾天過後，戰場再次恢復平靜，隨之而來的是和好，和下一段日子的溫存與熱情。就這樣，一次又一次，在我們交往的一年半時間裡大概出現了十二次循環。而這種循環也在我的人生的其他階段一再出現。

這個過程不一定都一樣。每次吵架看似不同，在某種程度上卻大同小異，有時候我們因為吃醋吵架，有時候我覺得她太冷淡，有時候她讓我有罪惡感等等。但是我清楚看到這些循環，我發現我們偶爾有摩擦，真正的理由是我的內在的循環，和她並沒有關係，而是我自己，是我想吵架的衝動。其實我並沒有察覺這種內在循環，她和我都不是禍首，因此我們有時甜蜜蜜，有時像冤家。

整個上下起伏過程完全相同：十五天上升段，十五天下跌段。因為這樣規律的週期性，我有一段時間還以為是蜜的荷爾蒙變化作祟，但是其實八竿子打不著。我在人生的其他階段也曾多次發現同樣的週期性，不管是交往中還是單身時。在下頁圖7，各位看到的是我在單身的某個階段，當時是二〇〇九年我在慕尼黑當交換學生，同樣的循環不斷出現。

累計的快樂

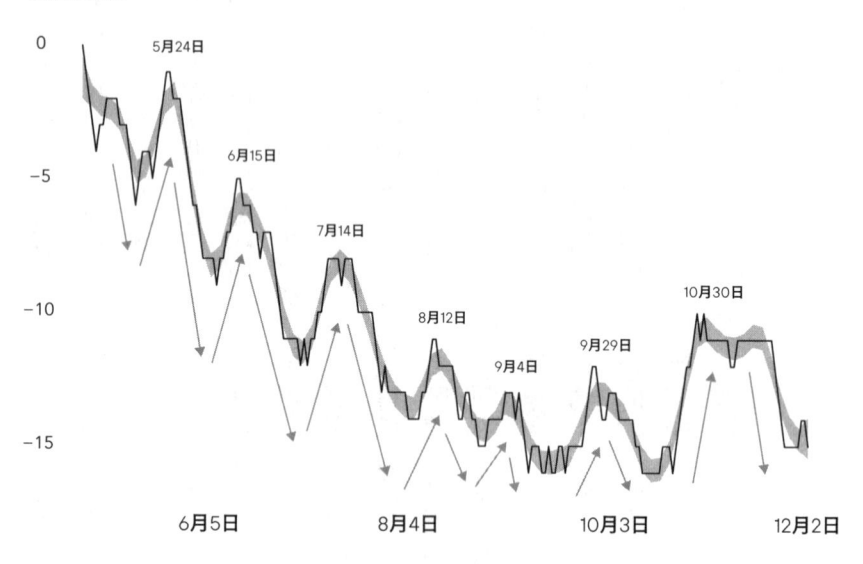

```
0
        5月24日
-5              6月15日
                        7月14日
-10                             8月12日       10月30日
                                    9月4日 9月29日
-15

    6月5日       8月4日       10月3日      12月2日
```

圖7：在慕尼黑當交換學生期間累計的快樂

從這個例子來看，大約是兩個高峰的差距。

因此，和蜜交往時心情起伏的結果。

不只是戀愛時心情起伏，而，我們每天的快樂深受許多無法預測的事件所影響，乍看毫無秩序，只是被循環期間的好日子和壞日子的嘈雜聲掩蓋過去。事實上，當某個特定的事件發生，比如戀愛會喚醒情緒的強烈波動，這時可以很清楚地看到一個個循環開始遍地開花。但其實循環一直都在，在我們怪罪另一半、上司或天氣的問題的那些日子，操縱我們的快樂的波動，而罪魁禍首卻是我們自己。

發現這些高低起伏的循環後，我開始思考是不是有什麼內心作用機

052

制，可以解釋這種似乎難以避免的循環。

戀愛和快樂評量運算模型

當我發現我的快樂是不斷循環之後，我開始調查是不是有人也得出同樣的結論，於是我找到了一篇由威斯康辛大學物理學系教授克林特・史波特（J. C. Sprott）所寫的〈快樂評量運算模型〉（Dynamical models of happiness），描述了類似的過程。文章提出一些用來解釋伴侶關係起伏變化的公式（跟描述單擺運動是同一個公式）。史波特本人說，這些公式是用來燃起學生對微分學的熱情，因此永遠不會真正用在評量快樂。儘管如此，把這些公式套用我的資料，簡直可以完美呈現發生在我身上的事。

史波特提出，一個非常快樂的事件，比方戀愛或中樂透，強度會隨著時間遞減，甚至可能在幾個月後只剩下苦澀的滋味。在下一張圖8，可以看到公式的結果，上面的事件（F）代表事件發生的時間（比方中樂透），快樂（H）代表事件隨著時間消長，中間的是累計的快樂（R），或者我稱的「快樂存款」。

各位可以在圖8中看到，快樂（H）有一波高峰，但是隨著時間過去走下坡，甚至破底，比零還要低。

史波特也讓大家看到，快樂的高峰會再重複，比如可能是每到週末就嗑藥。在接下來的圖9，我們可以看到這種效用，事件（F）代表重複出現的高峰（藥物），累計的快樂（R），快樂（H）⋯

各位可以看見，根據史波特的公式，每逢週末嗑藥的快樂的高峰越來越低，讓人注意到我們的快樂波動有三個重點，而且出奇精準。

第一個假設是我們的快樂無法永遠持續下去。隨著時間過去，加薪對我們來說已經沒什麼；通過考試的幾天後，我們已經轉而擔心其他事⋯

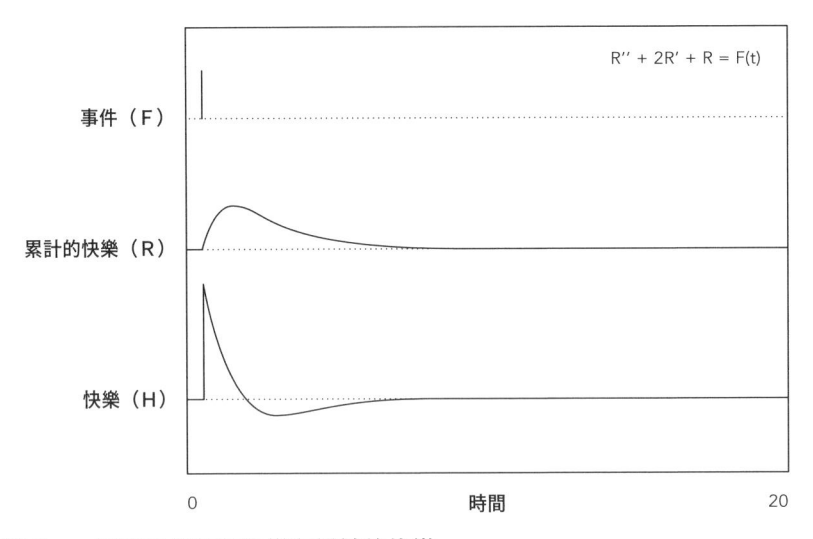

圖8：一波高峰過後的快樂和累計的快樂

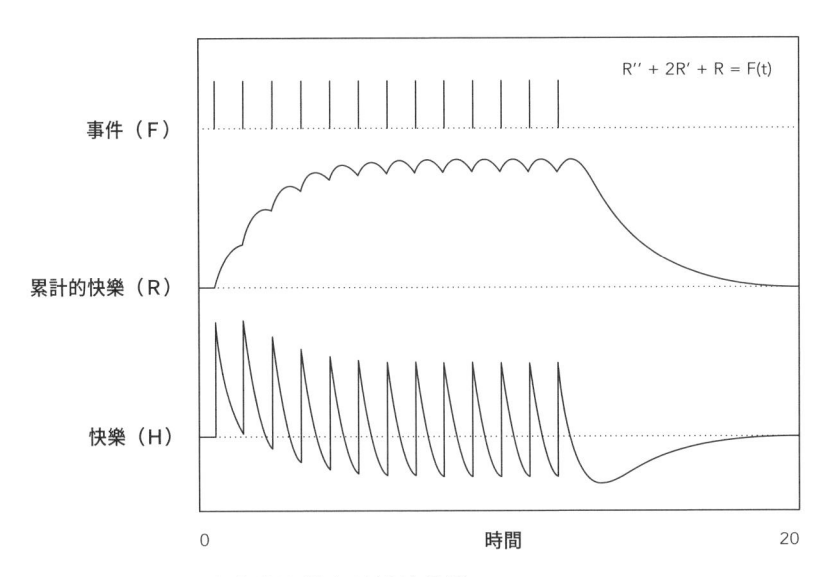

圖9：經歷幾波高峰後的快樂和累計的快樂

055

圖10正是我所描述的初吻後的感覺；第一天我打八分，第二天六分，短短幾天後變成五分，因為我覺得跟她擠在一起睡很不舒服。

第二個重要的假設是，這些公式呈現，我們的快樂波動會適應高峰重複後的效應（習慣化）：

最能用來說明習慣化的例子，或許是我們喜歡的一首歌，漸漸地不再那樣影響我們的情緒；聽了一遍又一遍過後，點燃我們情緒的效力開始降低，直到我們厭倦再聽（參圖11）。

同樣的情況，也發生在食物、任何藥物、另一半的甜言蜜語簡訊，和其他許多帶來快樂高峰的事物上，只要一再重複，就會慢慢隨著時間失去效力。

第三個也就是最後一個假設，是根據史波特的快樂波動的公式的結果，當高峰持續的時間過後，我們可能會感覺有點不太快樂（戒除）：

至於酒精，在下坡段的最後叫宿醉（參圖12）。

比較我的資料和史波特的結論，結果出奇類似。在下一張圖13，我要介紹採用史波特的公式後得出的理論性結果，用來比較我從二〇一一年到二〇一三年和蜜交往期間的快樂：

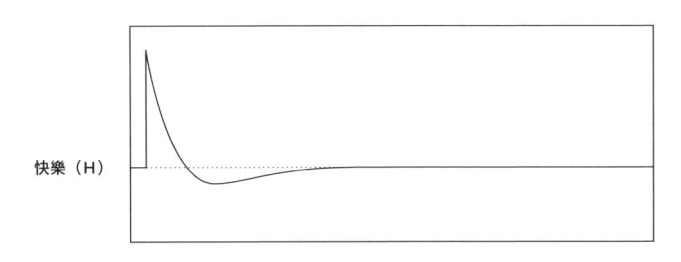

圖 10

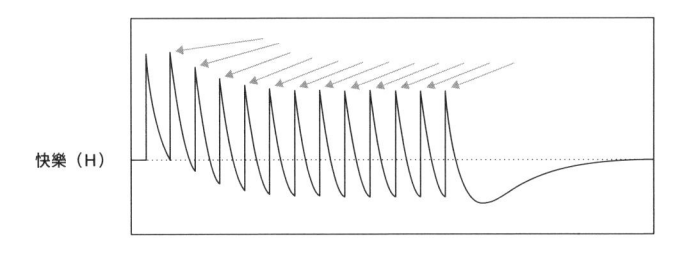

圖 11

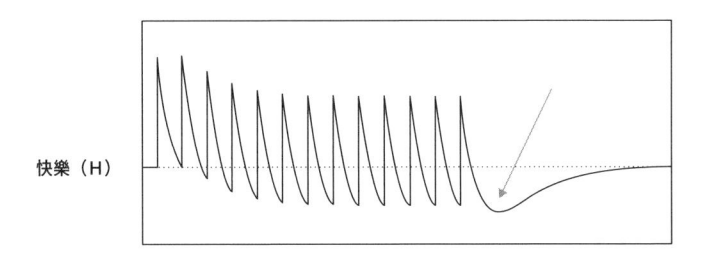

圖 12

累計的快樂

40

30

20

10

0

史波特的公式

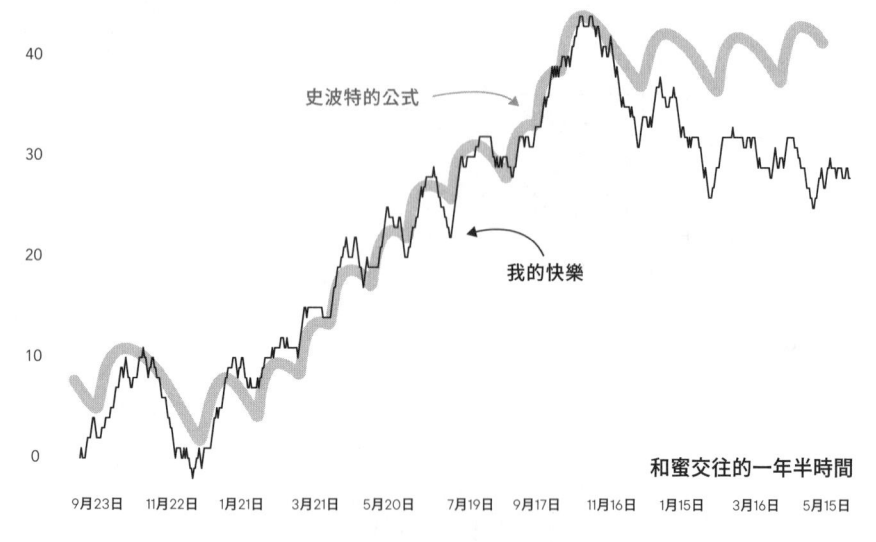

我的快樂

和蜜交往的一年半時間

9月23日　11月22日　1月21日　3月21日　5月20日　7月19日　9月17日　11月16日　1月15日　3月16日　5月15日

圖 13：從開始交往到分手累計的快樂

於是，套用史波特的公式，戀愛的快樂也會有適應、習慣和戒除的過程，同樣的藥物成癮者也是。這對我們計畫人生和作決定，有非常重要的影響。接下來我將個別解釋每一個過程，讓各位可以更清楚了解：先是適應和習慣，再來是戒除（或相反的快樂）。

058

適應和習慣，或為什麼永遠無法快樂

如果今天我們獲得加薪，這種快樂可能持續整整兩天？如果今天我們通過考試，快樂有可能持續到下個禮拜？感謝日記，我可以找到大概的答案。下一張圖呈現我所計算後的結果：譬如最低的那條線，代表我在日記打三分接下來幾天的快樂平均值，如果是非常不快樂的一天，通常和我跟女友大吵一架有關。我們在下頁圖14看到，在吵架隔天的快樂平均值大概是四・五分，這是因為，儘管我們今天吵翻天，隔天很可能會好多了，儘管內心還殘留前一天的不快。我打了三分過後兩天，我的快樂分數已經是四・八分，到了第三天我的快樂已經不再受那個難受的一天影響。剩下的線代表，當過了非常愉快的日子（落在六分或七分），或者非常難過的日子（三分或四分），我的快樂會花多久時間回到基線：

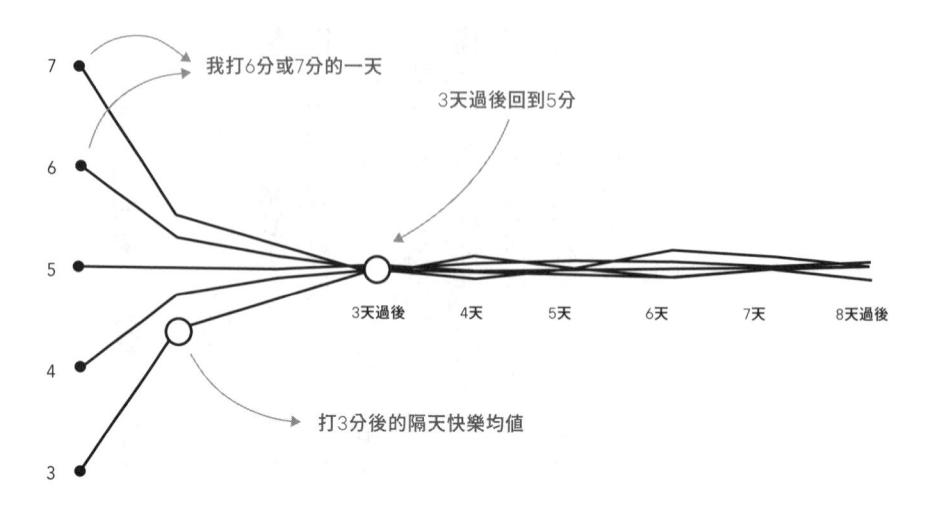

```
7 ●
       → 我打6分或7分的一天
6 ●                    3天過後回到5分
5 ●━━━━━━━━━━━━━━━━━━━━━━━━━━━━━━
            3天過後  4天   5天   6天   7天   8天過後
4 ●
       → 打3分後的隔天快樂均值
3 ●
```

圖 14：我的快樂回到五分的趨向

這樣看來，每當我的生活發生一個負面或正面的事件，大約需要花三或四天到「正常」。如果今天我收到加薪消息，過了四天或五天後，這種加薪帶來的快樂就會消失無蹤。所有的家人或朋友，只要耐心記錄自己的快樂幾個月（見圖15），也會發現同樣的趨向。

但是，正如我們之前提過，我們的大腦會運用兩種不同方式，接受快樂和不快樂日子發生的事。第一個是適應，比如在用藥之後，感覺的強烈度就會下降，幾個小時過後留下一種類似宿醉的頭痛。習慣卻有點不同，比如我們習慣的是長時間持續用藥的影響。我這裡說的用藥只是一種比喻：事實上，任何我們接收到的刺激都可能在開始適應和習慣時達到高峰。

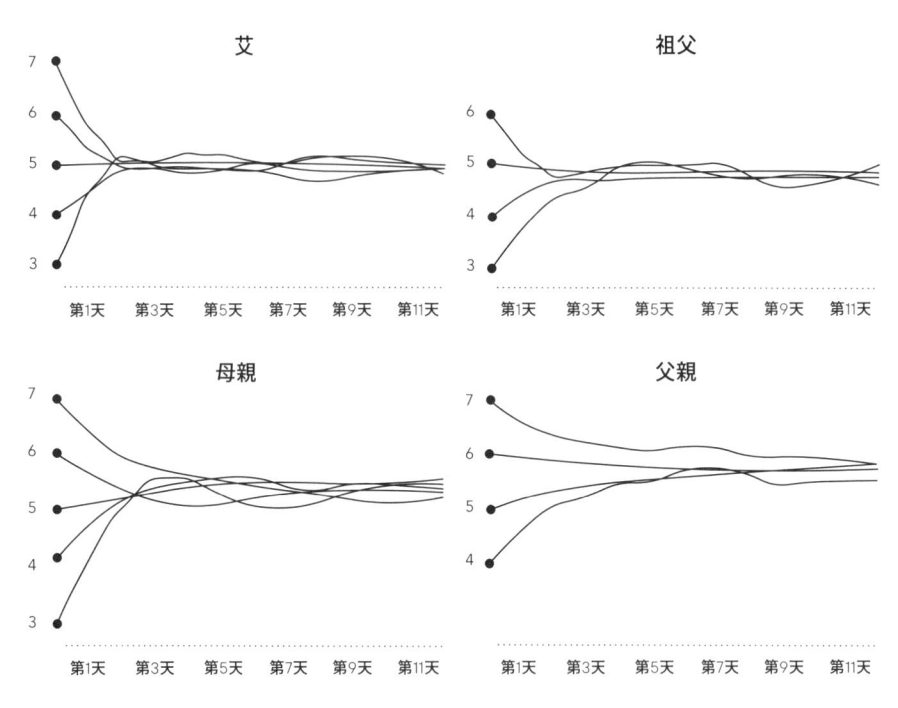

圖 15：家人的快樂回到平均值的趨向

我們是如何適應我們覺得快樂的事物，或許每天都可以見到的最佳例子，是我之前提過的音樂。某天我們聽到自己喜歡的歌，接下來幾個禮拜每當聽歌，我們的心情就會變好。然而，隨著時間過去，一開始的強烈感受會逐漸退去，直到有一天我們直接從播放清單中跳過。這就是習慣，在我們的生活中隨處可見。

以我為例，為了實驗我習慣一首歌需要聽多少次，我從「YouTube」下載最近五年來的清單紀錄，找出我從喜歡到厭倦一首歌要聽幾次。當我很喜歡一首歌，通常需要聽了十到三十遍後才厭倦。在這五年間，我最常聽的歌是威肯（The Weeknd）的〈燦光奪目〉（Blinding Lights）：我從第一次聽這首歌起的一百天內，一共在家播過四十八次。我太太是見證人也是受害者。這張清單上的大多數歌曲已經不能在我內心激起最初的漣漪。

在下一張圖16，各位可以看見其中四首歌的播放次數是如何快速上升，或頻率又是在到達哪個次數後下降到完全靜止：

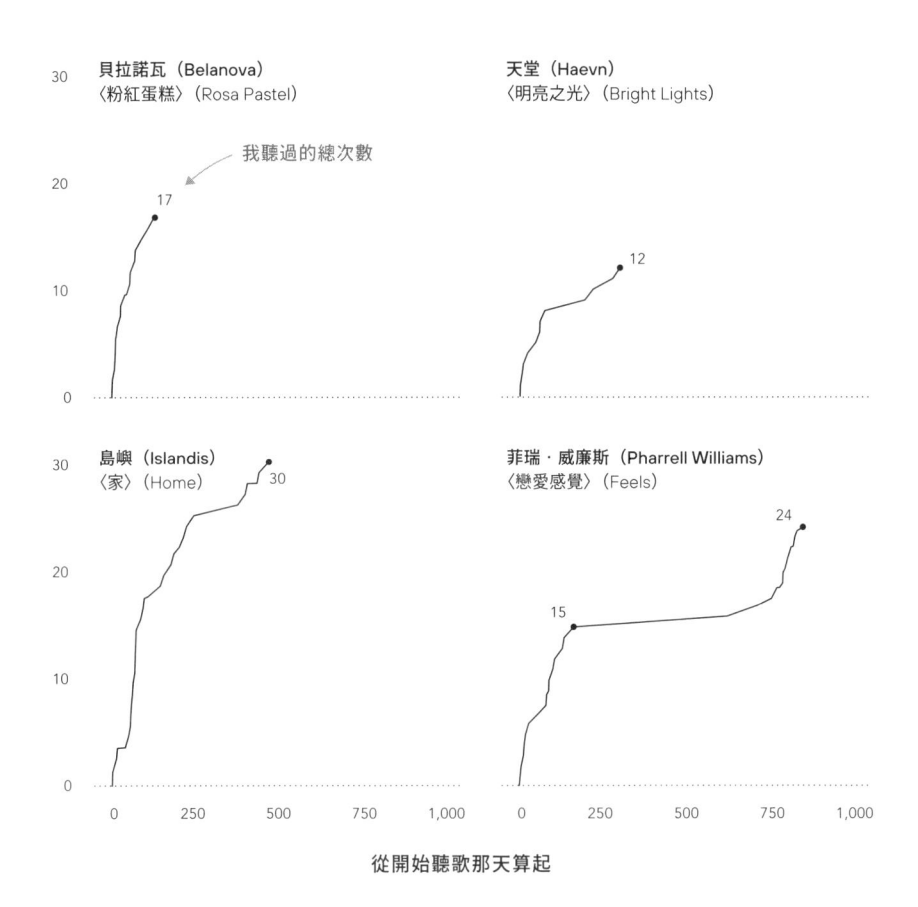

圖 16：我厭倦四首歌所需的時間

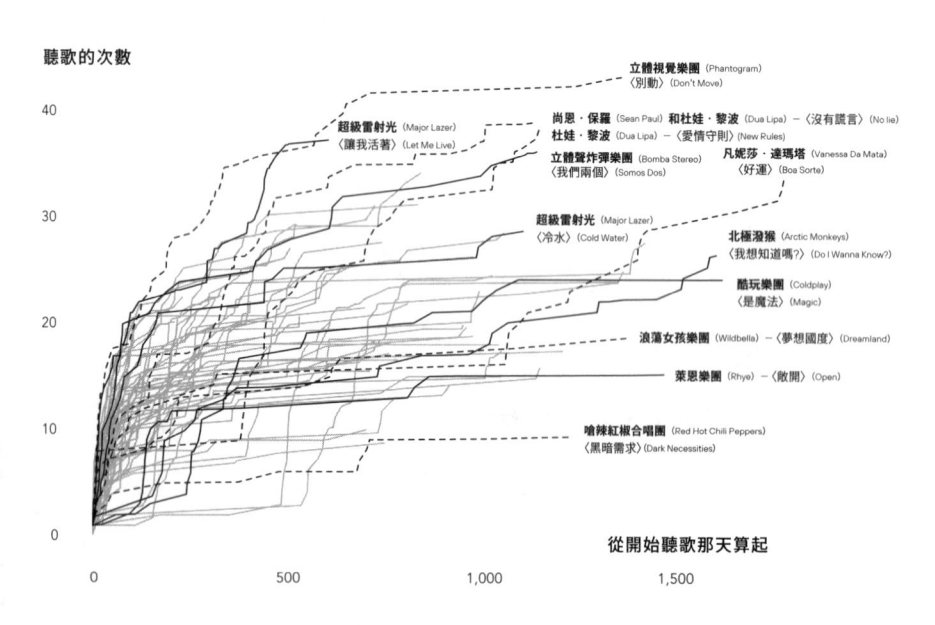

以菲瑞·威廉斯的〈戀愛感覺〉為例，我在五個月內播了十五次後感到厭倦，之後兩年沒再聽過，之後突然又想聽，直到完全厭倦為止，一共聽了二十四次。

在下面的圖，我要說明我是怎麼適應所有在過去四年聽過的歌曲：

不管是適應還是習慣，都可能是一個生物體系統的運作，防止我們停頓下來。如果我們一直生活無憂，就永遠不必從沙發站起來，尋找陪伴或生活所需。因此，當我們不再對生活不滿，反而會危害物種的存活。或許在人類歷史上，有許多幸運的人就是能過著簡單快樂的生活，不必煩惱有沒有人陪伴或要做什麼事。然而，也

聽歌的次數

立體視覺樂團 (Phantogram)
〈別動〉(Don't Move)

超級雷射光 (Major Lazer)
〈讓我活著〉(Let Me Live)

尚恩·保羅 (Sean Paul) 和杜娃·黎波 (Dua Lipa) —〈沒有謊言〉(No Lie)
杜娃·黎波 (Dua Lipa) —〈愛情守則〉(New Rules)

立體聲炸彈樂團 (Bomba Stereo)
〈我們兩個〉(Somos Dos)

凡妮莎·達瑪塔 (Vanessa Da Mata)
〈好運〉(Boa Sorte)

超級雷射光 (Major Lazer)
〈冷水〉(Cold Water)

北極潑猴 (Arctic Monkeys)
〈我想知道嗎?〉(Do I Wanna Know?)

酷玩樂團 (Coldplay)
〈是魔法〉(Magic)

浪蕩女孩樂團 (Wildbella) —〈夢想國度〉(Dreamland)

萊恩樂團 (Rhye) —〈敞開〉(Open)

嗆辣紅椒合唱團 (Red Hot Chili Peppers)
〈黑暗需求〉(Dark Necessities)

從開始聽歌那天算起

圖 16-1：我厭倦六十二首歌所需的時間

很有可能這些人沒有後代，無法把「快樂」的基因代代相傳，因為一個人也很自在，不需要花力氣找尋伴侶。因此，我們的大腦進化成避免我們一直很快樂，否則我們根本不會想動，沒有動力進化。所以，儘管我們不管過著多舒服的日子，還是會去適應各種環境，因為不滿足是我們的本能所創造的動力，推著我們離開舒適區，尋找任何適合我們生存的東西。

科學界已經證實非常多次，適應是我們的快樂的一種變因。這種變因通常稱為「享樂跑步機」（hedonic treadmill），是一種在一九七〇年代孕育出的概念，認為快樂的趨向會回歸「基準值」，無關於發生多少影響我們的正面或負面的事件。下一頁圖17是最近一個關於適應各種事件的例子，根據澳洲縱向研究調查（HILDA）的資料，在十五年間向一萬三千九百六十九人訪談他們的快樂和生活滿意度，一年接著一年，從二〇〇一年開始到二〇一六年結束。從這些資料可以看到，他們的快樂和滿意度，在另一半過世、分手、損失錢財、罹患心肌梗塞，或遭資遣之前和之後，有什麼變化：

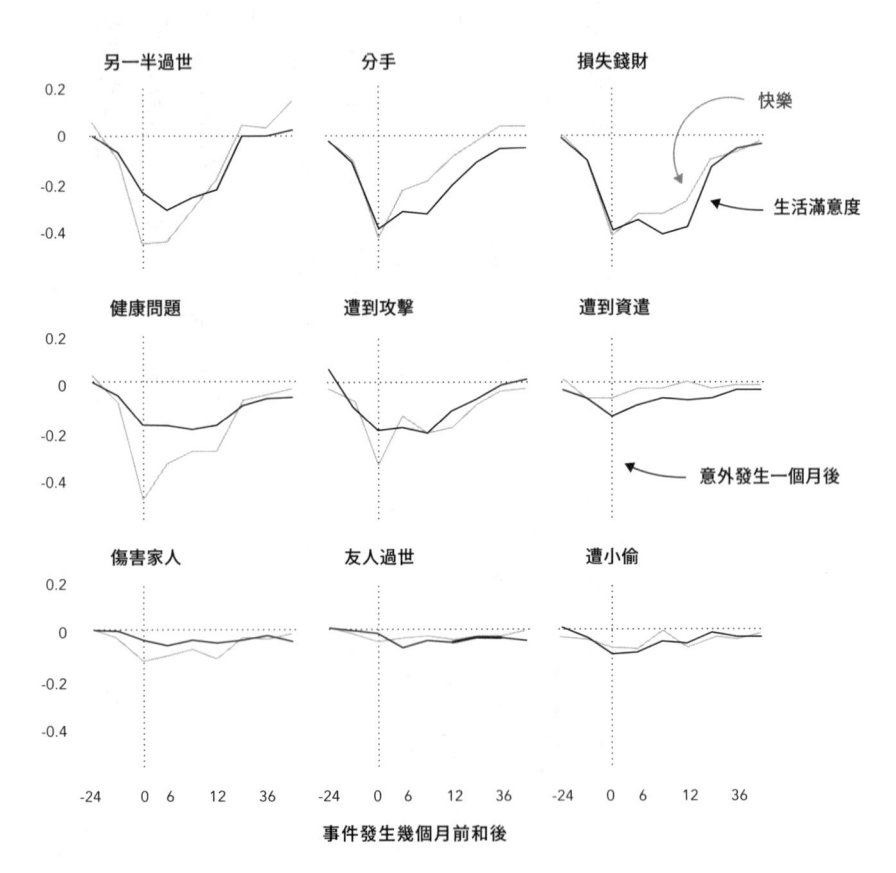

圖 17：快樂趨向在遭逢幾次變故後回到平均值

從圖17可以看見，不管是快樂或是生活滿意度，幾乎都會在任何變故發生後回到正常值。包括那些在研究進行期間失去另一半（左上圖）的人，在摯愛過世兩年後，都能再跟以前一樣快樂。自從開始研究快樂之後，我已經反覆看過這份調查非常多遍，但是每看一次就驚訝一次。

看著這些資料，有時我感覺與其把時間花在「不快樂」上，像是擔心可能會發生什麼事，倒不如花在已發生時的真實感受上。這讓我想起了諾貝爾經濟學獎得主丹尼爾・康納曼（Daniel Kahneman），他是研究快樂的領域最重要的學者之一，他曾說過一句話：「生命中最重要的東西，莫過於在你心目中最有分量的那個東西。」或許知道我們能適應所有一切，可以幫我們不再那樣擔心丟了工作或考試沒過。

這個事實可能對我們有不能小覷的影響，不論是我們面對人生的方式，還是我們下決定的方法。總之，當我們錯以為只要實現夢想就能永遠幸福快樂，因而在人生中拚命奮鬥，花費太多時間並犧牲自己追求想要的東西，最後可能會大失所望。譬如，二〇〇五年時我相信自己會變成快樂的人：我的確變成我自己夢想的物理學家，我在國外有一份不錯的工作、優渥的薪水，還有一個可愛的妻子。當時的我如果能看到我現在的模樣，可能打個八分吧。然而，現在的我擔心的是過去的我永遠不可能發現的新的事情，而且跟十六年前的自己一樣也有低潮的日子。說真的，我錯估當時擔心的事在完成後的快樂值。

其中一件讓我失去大部分快樂的事，是盡最大努力求得學業好成績。犧牲那麼多，在學生生涯的最後一場考試結束後，我的快樂根本還不到一天就消失⋯

二〇一二年九月十七日禮拜一。五分加一分無扣分。
我通過了學校的最後一科考試。接著我和家人在派對上吃飯，再和蜜回馬德里。

一切終於結束，我放鬆下來，感覺自己不想再忍受自己討厭的東西；這是我在經歷無數犧牲後迎來的大日子，於是我像個被寵壞的孩子，比平常還愛頂嘴。我一整個晚上抱怨不停，因為覺得跟蜜的朋友在一起三、四個小時很無聊，應該說我是看不順眼其中一個，因為他笑個不停，不停炫耀自己的豐功偉業，而其他人在旁誇獎。這讓我嫉妒得要命。

通過最後一科考試的快樂，在我開始嫉妒後煙消雲散。現實點說，我對自己完成入學開始的一場漫長計畫感到自傲，甚至還沒完成最後的考試前就這麼想，而完成學業帶來的好處比考試通過後的快樂還要經得起時間考驗。但是事實卻是，此時此刻的我並不像過去的我計畫中的那麼快樂，當時的我想像未來當物理學家會永遠快樂，然而我們

068

這麼深信的事情其實只是個烏托邦。最後我要講的是，如果我們無法達到想要的目標，不必太過沮喪，或者我們對實現夢想的感覺，不要抱太高期望。

戒斷或快樂的反差

我認為我們遲早都會發現，適應和習慣跟我們的情緒緊密相關。就在今天，一個臉書朋友分享了一張圖，那其實很能完美詮釋這種適應性。在圖中，有個女孩對一顆心說，她已經不再喜歡夢想，那顆心回答她說，因為她已經長大，現在在乎的是其他事情。其實這張圖的背後說的正是我提到的適應。當一個人不再想像過去夢想的東西，並不是那些東西已經失去價值，而是一旦我們經歷了好幾次，無法避免一定會失去在最初所體驗的感動。有些人認為這是因為長大了，在我看來卻是恰恰相反。如果我們的目標是追求快樂，長大不是會夢想得到更多東西？

但是戒斷，也就是快樂的第三個，也是最後一個內在的變因，相較適應比較不明顯，很少在一般大眾文化中顯現出來。這很可能是因為戒斷並不是立竿見影，而是需要幾個小時、幾天，甚至是幾個月，大致上我們人類非常不擅長把原因和影響連結起來，特別是兩者相距時間太久。我們很快就學會喝咖啡提振精神，因為幾乎是一喝下就見到效果。

然而，我們更難做到的是承認早上睜開眼睛後的起床氣，因為缺乏咖啡因出現戒斷症狀，

因為這股怒氣不是因為喝下咖啡就出現，而是到隔天，當我們的大腦開始感覺到缺乏咖啡因的影響。儘管我們知道不喝咖啡心情會不好，但大多數人卻都難以承認，我們某天暴躁易怒，是因為缺乏咖啡因的戒斷症狀，而不是那天不順遂，或者上司跟我們說話的語氣。

我稱這個過程為「快樂的反差」。戒斷這個詞的意思會讓人聯想到用藥的負面影響，我想這個概念（快樂的反差）有助更近一步了解這個內在的變因如何影響我們的每一天。

關於快樂的反差，我在二〇一四年十一月五日發生的事可以當作絕佳例子。當時我正失業，人在北歐的寒冬中，因為缺乏日照而感到憂鬱。那一天，除了生活現狀很慘，我還遭遇失房子和腳踏車鑰匙，麻煩的是要通知房東再打一副鑰匙，並且把腳踏車牽到比較近的商店開鎖。幸好那個倒楣時刻只持續十分鐘，因為有人找到我的鑰匙，放在我就讀的那所大學的大廳。在這裡，我順便想向那個人打招呼，因為他讓我的那天好過許多。

那麼，這件事很簡單的就是，我知道可以不用一整天想著自己的錯，於是整個下午都很開心。也就是說（這就是快樂的反差弔詭的地方），根據我日記所寫，那天我很高興找回鑰匙，如果鑰匙一直是在我的口袋，我就永遠不可能快樂。唯一能解釋那天的快樂，是這種感覺和我丟了鑰匙後的十分鐘承受的壓力和內疚是相反的。

我們在一生中都會不斷遇到反差造成的快樂和不快樂，卻沒發現原因在於反差，我們快樂並不是因為客觀的情境。最放鬆的週末，莫過於熬過充滿壓力的一個禮拜；最快

070

樂的夏天，是接著嚴冬而來；最美味的餐點，是在餓了很久後吃到的那一餐等等。我還曾遇過一次快樂的反差，那是當學生時要找教授討論疑問，當時我好緊張：

二〇一二年一月十六日禮拜一。五分無加分扣一分。

跟教授討論前真是緊張，但最後都能因為完成作業而得到快樂的回報。

這種完成作業後的快樂，正是來自我很緊張要和教授說話。若沒去做，就不會在完成後感覺如釋重負。

另一個常見的快樂的反差的例子，是我們在一年中會有短短幾天，僅僅因為身體健康而感到高興。對我來說，二〇一七年一月二十四日是其中一天。那天我感到快樂，是因為生病的反差，當時我已經感冒整整一個禮拜：

二〇一七年一月二十四日禮拜二。七分加一分無扣分。

今天我呼吸順暢，今天我眼睛不再充滿淚水，跟昨天的不舒服完全相反。

今天是平凡無奇的一天，但是我感到一種不合乎常理的平靜。今天我恢復健康，

簡而言之，我在日記寫下快樂的反差，僅僅是因為我們在一段拖太久的時間內，想念快樂的日子。這種快樂不只是在我的日記中出現，最近剛過世的美國心理學家艾德‧迪安納（Ed Diener）和他的團隊已經在一九九一年證實，非常快樂的時刻往往是接在非常不幸的時刻之後來臨等等。

所有和我討論過快樂的反差的人都立刻認同：嚴冬過後的第一個陽光普照日子、酷暑過後的第一個雨天、大熱天的冷水浴、感到冷時把手放到暖氣爐旁……我們都清楚知道這種快樂非比尋常。儘管如此，我們卻往往在作決定時忘記這件事。或許說明這種影響我們作決定的最佳例子，可以從和我一起在丹麥共同生活的西班牙同鄉身上看到，當他們決定返回西班牙時，滿腦子都想著他們需要陽光才能感到快樂。我完全能夠了解他們的心情，那種找尋一個充滿陽光國度的希望，我又何嘗不希望每個冬天早晨能在藍色的天空下醒來，而不是哥本哈根上空一連幾個月密布的厚重灰色雲層。但是，我相信我

072

在西班牙生活時並沒有比較快樂。事實上，我當時的日記上完全沒記載好天氣，因為當時的我不懂得欣賞。但是並不都一直是陽光讓我們客觀地感到快樂，而是因為冬天的反差，讓陽光是一種在哥本哈根渴求的東西。

在哥本哈根，每逢冬季，我就忍不住幾乎天天問自己為什麼要搬到這麼冷的國家。我的日記上寫著烏雲密布的日子，騎腳踏車的痛苦，和提不起勁做任何事⋯

二〇一四年十一月二十四日禮拜一。三分無加分無扣分。

我從昨晚到下午四點都待在家；我懶洋洋，無精打采，提不起勁，失去動力。

我知道是我腦袋的問題，都是腦袋裡的消極想法，我知道解決辦法是放空，但是我實在提不起勁，彷彿一部分的我呢喃著，要我繼續想著寂寞，想著未來不可測的危險。我知道這都是因為缺乏曬太陽的關係。

二〇一三年十一月十二日禮拜二。四分無加分無扣分。

然而，每逢天氣晴朗的日子，我卻比在西班牙還要興奮，儘管在故鄉日照的日子更多。這時我的日記會寫滿騎腳踏車的快樂時光，以及和朋友的聚會⋯

二〇一四年二月五日禮拜三。七分無加分扣一分。

丹麥終於放晴了；可以看到大家心情轉好，變得比較有精神。

二〇一四年五月一日禮拜四。六分無加分無扣分。

太陽露臉，這麼簡單一件事卻能讓人想上街，問題似乎都不再那麼嚴重，或令人擔心了。

我們都以為陽光一定是快樂的源頭，因此，住在陽光充沛國家的人民一定比較快樂，當我們作人生決定時，我們的大腦經常會依據這種簡單的聯想，忽略其他比如適應的影響，或是快樂的反差。如果沒發現這一點，人終其一生或許會換國家、伴侶、工作……卻始終無法安定下來，不知道需要什麼才能得到快樂。丹尼爾・康納曼在一九九一年發表一篇學術論文提到這種自然的傾向，認為晴天會讓人比較快樂，事實上卻並非如此。一九九三年，康納曼要一群來自全美各地的學生替自己的人生滿意度打分數，同時間他們也要評估住在其他州的人應該有的滿意度。他們發現，住在比較沒那麼溫暖的地區（中西部）的人大致上會想像加州人比較快樂。然而，一比較住在加州地區的人和住在

其他比較沒那麼熱的州的人，生活滿意度平均值並沒有差別。這是康納曼稱的聚焦錯覺（focusing illusion），這是一種聚焦在單一原因（在本例是陽光）的傾向，當我們在作出某些決定時，想著可能可以多快樂，卻忘記其他許多更重要的因素。

但是快樂的反差不只影響日常事物，比如找到鑰匙的喜悅或很開心冬天終於結束，也會有非常長的週期影響，讓我們快樂，或痛苦好幾個月，甚至是幾年，只是因為思念我們曾經擁有過的東西。從我的日記，就能很清楚看到幾個長達約四年的週期（在精神上兩年適度的快樂，和兩年稍微鬱悶），而我一直到不久之前才發現這些週期。我在某段時間很開心做的工作，在其他時候卻不覺得那麼開心，原因僅是我比較現在和以前的工作。過去我可能覺得住起來很舒適的公寓，在現在卻不再感到滿意，因為剛住的公寓拉高了水準。這同樣的也會發生在好事上。過去幾年我認識了一些人，經常和他們討論事物，每當有人願意認錯道歉，我總是感到很開心。這不是因為我們很得意，而是因為我們有自己一套評估「好」或「壞」的參考系統，而且會根據我們在近幾年生活的樣貌而不斷改變。我們所稱的「美好生活」大部分是依據這種參考，而不完全是我們的客觀環境。

快樂的反差也能用來解釋國家整體快樂的一些讓人驚訝的事實，比如北歐國家的人民，儘管生活在又冷又陰暗的地方依然感到快樂，或者這些國家的人民未必感到寂寞。原因和個人發展出的參考系統很有關係，他們按照參考和反差建立他們的期望。我在稍

後會再談這些。

我花費十幾年分析我的快樂，希望把日記當例子，仔細解釋可靠的發現。快樂的反差讓羅素（Bertrand Russell）的一句話有了特別的意義，並大略解釋為什麼我們即便擁有所想要的所有東西，依然永遠不能完全得到平靜：「要得到快樂，就需要放棄，偶爾放棄一些或許能得到快樂的事物。」

不快樂的依賴性和重要性

最後，我們來到快樂的所有變因的最後影響。我在前一章提過循環，當我戀愛時，百分之百符合史波特的公式。作者說，這些公式解釋了一對戀人或毒癮者的快樂變因。史波特認為，戀愛追根究柢是一種我們迷戀一個人的上癮行為。我們的確經常聽到這種說法，但是藥物和愛情為什麼會有相似處？是不是有已知的心理過程能夠解釋，為什麼史波特的公式可以同時套用在愛情和藥物上？

據知，像是古柯鹼這種藥物對大腦的作用，是以防多巴胺依照平時的頻率在神經元的突觸連結時「溶解」，這會讓神經元比平常「泡」在更多的多巴胺當中，造成吸食這種藥物後處在持續不斷的興奮狀態。當反覆吸食古柯鹼，神經元會逐漸接受這種超量的多巴胺，觸發「關閉閘門」（降低突觸後神經元的再吸收數量），以某種方式回補這種

076

神經傳導物質的過量。「關閉閘門」是一種需要耗費幾個禮拜的生物過程，會導致人越來越依賴藥物來獲得同樣的感覺。

而這個人的突觸後神經元會從某個時刻開始減少「開啟的閘門」，以致於一樣數量的多巴胺在之前明明是足夠讓他擁有愉快正常的一天，此刻卻已經不夠，這會慢慢地變成一種癮頭。當他想要戒藥時，「正常」的生活卻已經變色，似乎變得無趣，立即見效的解決辦法會是再補上一劑。

一模一樣的過程，也發生在其他神經傳導物質和機制上，比如迷幻藥、酒精和尼古丁，很可能也發生在浪漫的愛情，和我們生活的許多其他的面向。我們所稱的舒適區，其實是我們的大腦在認為對我們有好處時的狀況下所創造的一種「上癮」，儘管最後不會讓我們特別快樂。譬如，愛情就是這一類。當我讀到我和蜜交往期間的日記片段，我其實看到的是一個失去理智的人，因為缺乏另一半的愛情滋潤，而飽受戒斷症狀的折磨：

077

二〇一二年十一月二十二日禮拜四。三分加一分無扣分。

每一天，我都感覺自己得花費好一番力氣去做毫無意義的事，我失去動力，怎麼樣都高興不起來，一切都不值得努力去獲得，我好空虛。我想，這是因為和蜜分手了，我感到天崩地裂；一切失去了有她在時的色彩。

二〇一四年五月四日禮拜天。五分加一分無扣分。

我發現大腦就像使用藥物後，接下來我有一種詭異的戒斷症狀；我好虛弱，使不上一點力氣，忍受不了以前根本不在乎的一點困擾。若是有她在身邊，我很快就能充滿快樂，幾乎能滿足一切。

透過分析快樂和我們怎麼下決定，我發現大家尋找的其實不是長遠的快樂，而是想快速解決我們當下的不滿：我們餓了吃漢堡，緊張時吸根菸，寂寞時寫信給前任男女朋友⋯⋯儘管我們知道最後並不會快樂，就是想去做，因為即時的回報比起長遠的影響還要強烈。

正如同我之前提過，所有這些過程，其實是一種必要的作用機制，產生的快樂

讓我們一回到家就倒臥在沙發上,但是不會一直持續不退,時刻一到,我們就會感到必須再出去找更多的資源、更多的朋友,或者找到另一半。就某方面來說,我們的大腦使用和毒癮者同樣的機制,讓我們去接觸能保證我們生存和繁衍後代的東西,雖然這不會讓我們永遠快樂。如此一來,不快樂其實是難以避免的,還可能是必要的動力,能讓我們繼續追求永遠不可能得到的理想生活。我們可以看到快樂就像一顆北極星:指引我們,催促我們前進,但是我們再怎麼追趕,也永遠追不上它。

所有這一切,讓我最後得出哲學的結論,或許比所有的過程都還重要。儘管我之前沒這麼說,在史波特的公式,快樂的累積總和卻是趨近零。現在讓我來解釋這是什麼意思:

各位可以看到下圖,在升官、戀愛或中樂透之後,快樂的天數總和上升,但是時間一久就開始再一次下降到零。這意味快樂帶給我們多少,最終也會奪去同樣的數量。或者換句話說:所有上升的一切最後都會下降。

快樂的總和(R)

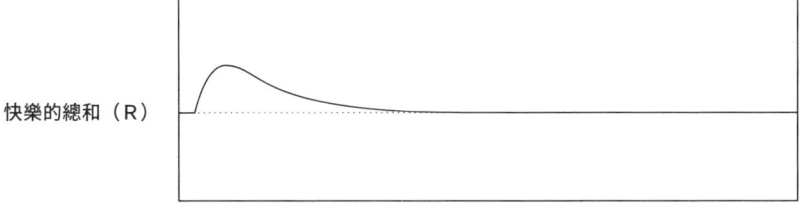

圖 17-1

如果總和的關係最後是正數,那麼這意味一個人的快樂日子多於不快樂日子,這段關係就有價值;如果總和是負數,這段關係的不幸日子比幸福日子多。然而根據史波特的公式,整個過程的總和總是落在一開始的點上,也就是零,因此我們的不快樂正是快樂讓我們去得到的。我們在剛開始交往的幾個月感覺到的興奮,在分手時也以相同的比例還回去。這是否是發生在真實生活中的樣貌?因為我記錄了四段戀情的快樂,所以我可以證實是這樣沒錯。而事實上,真的如此:

累計的快樂

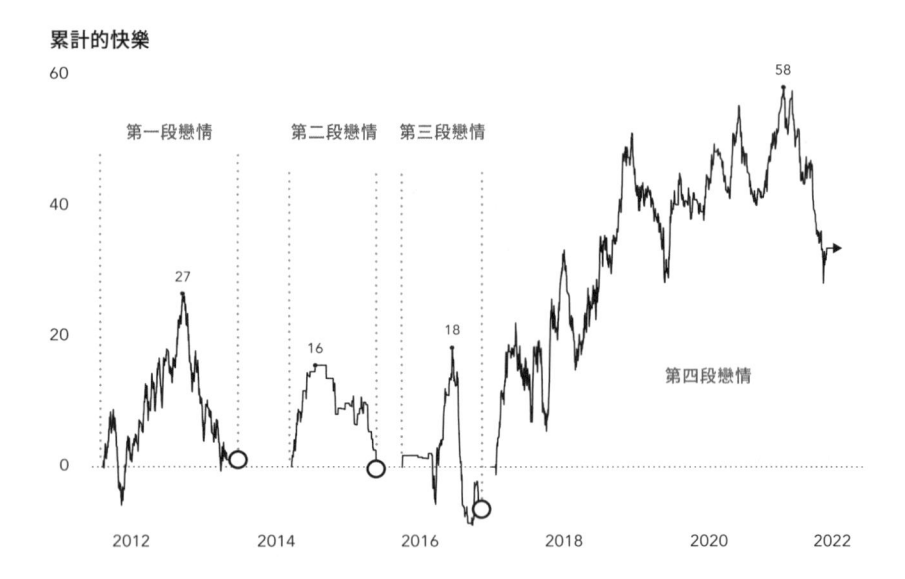

```
60                                                    58
                                                   ╱╲
                                                  ╱  ╲
                                           第四段戀情
40

           第一段戀情    第二段戀情  第三段戀情

        27
20              16          18

 0
      2012      2014      2016      2018      2020      2022
```

圖 18:四段戀情累計的快樂

我在這張圖使用我的快樂平均值,以曲線呈現我的每一段戀情都在中途走下坡。

在這裡，我們可以看到我的四段戀情長時間下來的快樂總和。在前三段戀情，我的「存款簿」在戀情正熾烈時累積到二十七天；然而，當她不得不搬到其他國家工作，爭吵和悲傷奪走我的快樂天數直到餘額剩下零。在第二段戀情情況也差不多：在剛開始三個月，我的快樂存款簿累積了十六天的甜蜜日子，可是隨著她離開的時間接近（她也搬到國外），難過的日子開始超越甜蜜的日子，直到我的帳戶再度歸零。同樣的事也在第三段戀情重演。和另一半越是快樂，失去她時越是悲傷。

唯一在我的存款簿還累積額度的是我的現任太太，我和她在一起已經快要五年。二〇二〇年夏天，我和她在一起的快樂的數字累積到五十八天，是到目前為止最大數值。從這之後，我的快樂似乎就在這個數值打轉，因為一開始的熱烈已經進入一段沒有太激烈起伏的心靈契合階段。觀察這張圖，不難預測如果我和太太現在分手，我的存款簿大概會倒扣兩個月的不快樂日子。但是繼續和她廝守已經不可能像剛開始那樣快樂，這就是我們大腦運作的方式。

適應和反差的歷史案例

到這裡為止，我專注在解釋我對快樂變因的發現。但是這些結論不可能只從我的日

記中得出，也不可能是最近的發現。正如同我之前說過，早在一九三〇年，羅素就在他的著作《贏得幸福》（The Conquest of Happiness）說過，這是我所讀過關於這個題材最發人深省的見解：

人類物種，就如同其他動物，習慣某種程度為生存而戰，當他過於富足，能毫不費力滿足所有最挑剔的要求，便會失去努力的動力，因而被奪去生活中追求快樂的不可或缺要素。

羅素所談的正好就是反差的快樂和適應，偶爾承受苦難能讓我們珍惜所有。根據羅素所言，適應我們的環境是有利，甚至是為了生存而必要的，因為持續不滿足現狀，會讓我們保持在警戒狀態，改善我們的環境，以防其他人得到好處。

一九九〇年，美國心理學家米哈里．契克森米哈伊（Mihaly Csikszentmihalyi）也在他的著作《心流》，提到我們不安於現狀的本質：

慾望無窮盡，失業的人可能認為一年賺三萬美金，每天就能得到快樂。但是賺到這個金額的人卻想，如果能賺到六萬美金就能快樂，而賺得到的人又想賺到十萬美金就能滿足他內在的渴望。就這樣無止境延伸。

在生物學和醫藥領域，加拿大魁北克拉瓦爾大學的退休榮譽教授米歇爾‧卡巴納奇（Michel Cabanac）也發現我們的大腦是有可塑性的，能適應環境和從反差挖掘樂趣。卡巴納奇研究為什麼我們只在炎熱的天氣痛快暢飲清涼的飲料，或者為什麼我們在寒冷的天氣才會真正享受火堆的溫暖。解釋一樣是快樂的反差。卡巴納奇指出，一個擁有一切所需的人或許能感到舒服自在，但也可能麻木無感。

我們的祖父母輩夢想一個沒有饑荒和戰爭的世界，然而，我們生在這樣的世界卻似乎沒那麼快樂。我們擁有手機可以傳送和收到太空送來的訊號，但是我們毫無感覺，現代的我們在乎的是網頁沒有即時更新；我們可以坐著飛翔在十一公里的高度，還喝著咖啡，但是我們不覺得有什麼，我們擔心的是飛機會不會延誤半小時抵達，或機艙內沒有網路。拜科技進步之賜，我們可以到許多美妙的地方，可是我們已經習慣。我這一生最大的夢想是上太空，但我確信當上太空是稀鬆平常的那天到來時，我們擔心的會是三明治會不會送到，而不是從空中遙望地球。

若是沒有生病作為反差，人們不會愛護健康；沒有恐懼作為反差，很難珍惜安全；沒有寂寞作為反差，很難珍惜陪伴的感覺。或者正如法國哲學家安德烈‧孔特（André Comte）在他深具影響力的著作《幸福，不顧一切》（La felicidad, desesperadamente）提到，若是沒有瞎眼作為反差，難以看清楚真正的意義⋯

我看見一個瞎子。我以前也看過他們，但是這是我頭一次恍然大悟身為瞎子的意思和奧義。我學孩子，閉上眼睛幾秒鐘，摸索著前進，那感覺真可怕⋯⋯我對自己說：「但是，如果瞎子能重見光明，他一定只因為看得見而欣喜若狂！因此，我不是瞎子，我應該要欣喜若狂才對，因為我看得見啊。」我想我發現了快樂的秘密──這真是無知的想法：我將會永遠幸福快樂，因為我視力良好，因為我看得見。我努力試了⋯⋯這個秘招卻從未有效。

二十三歲那年，我的快樂出現難以解釋的變化

我從這裡開始，要解碼主宰我的人生的快樂變因，或許這也能用來解碼你們所有人的快樂。如果你們還沒發現這種變因，或者你們想知道你們的變因是怎麼運作的，我唯一推薦的妙招就是寫日記，快點像我一樣，寫下你們每天的快樂。如果你們夠幸運，或許終有一刻也能像我一樣找出出現在人生某些階段的起伏曲線。即使你們的日記還無法看出這種循環，也能幫你們重溫和檢視你們的快樂分數。你們會知道，在大多數時候，快樂不只是因為環境，也與過去的工作、戀情有關。

然而，你們在開始寫日記前，還有一件非常重要的事，是我花了七年時間才發現的，那就是你們一定要考慮替自己的快樂打分數，這能讓你們省下大把時間。最後，我要揭露我的快樂的完整面貌，向你們解釋這一點。在下一張圖19，我介紹了我的快樂在過去十一年累積的總和，其中包含了我人生中最重要的事件和發生的地點：

085

累計的快樂

300

200

100

0

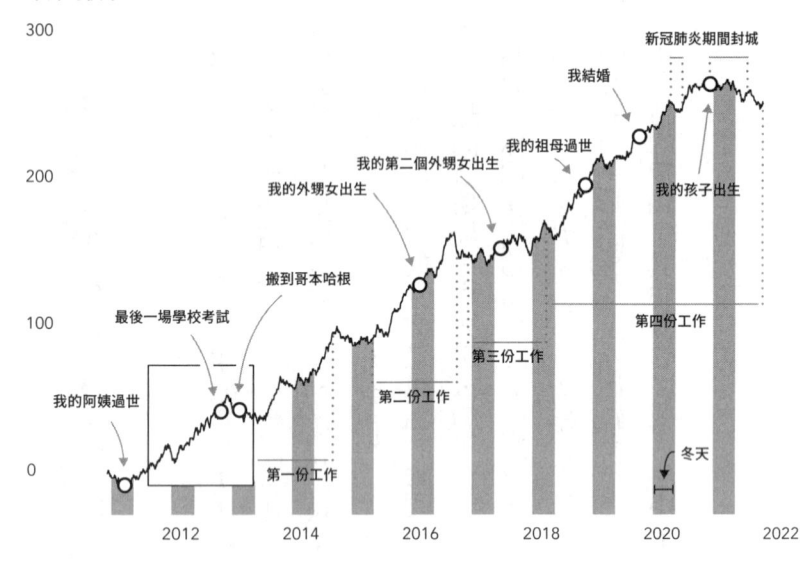

2012　2014　2016　2018　2020　2022

- 我的阿姨過世
- 最後一場學校考試
- 搬到哥本哈根
- 第一份工作
- 第二份工作
- 我的外甥女出生
- 我的第二個外甥女出生
- 第三份工作
- 我的祖母過世
- 我結婚
- 新冠肺炎期間封城
- 我的孩子出生
- 第四份工作
- 冬天

圖 19：過去十一年累計的快樂

我把前一章提到的時期，也就是我和蜜交往的一年半框出來，讓各位看清楚這張圖。

各位可以看見，我的快樂在這些年持續上升，直到今天為止已經累積兩百五十天的快樂──扣除和壞日子抵消的好日子。然而，這張圖缺少最前面的五年，因為我一共記錄十六年的快樂。我隱藏剛開始的五年是有原因的：很奇怪，這幾年跟其他年就是不同。接下來各位可以看到完整版的圖，一共記錄十六年的時光（再提醒一次，框出的部分是我跟蜜交往的一年半）：

086

累計的快樂

圖 19-1：過去十六年累計的快樂

這裡可以清楚看見我的快樂從二○○五年到二○一一年下降到了負九十七，這意謂累加好日子再扣除壞日子，因為沒有快樂的日子，總和是九十七天不快樂的日子可以扣除。

然而，從二○一一年開始，我的快樂的日子開始「累積」，數量持續上升到今天。

當我第一次看到這張圖時，我驚訝不已，因為我不曾察覺心情有什麼劇烈變化，然而我的圖清楚顯示，我的快樂在二○一一年大致上轉好，然後一直清楚持續下去。我在二○一一年找到了扭轉快樂的關鍵，卻渾然不自覺？

不是的，答案跟我所能想像的完全不一樣。事實上，不是我的生活或

是我的腦袋在二〇一〇年到二〇一一年之間有所改變,而是我的記錄方式。一切起於我在二〇一〇年五月拿到的《國家地理雜誌》特別版《大腦與情緒》。裡面有一篇文章叫〈負面情緒科學〉,作者是卡梅洛‧瓦茲奎茲(Carmelo Vázquez),他是正向心理學協會(International Positive Psychology Association)的主席,我讀了非常喜歡,寫了一封信給他,然後幾天後相約見面。

當我抵達卡梅洛的辦公室時,我唯一想做的是讓他看看五本滿是麥克筆打分數的月曆;上面沒有隨寫或評語,沒有人物或情緒,只有分數。他建議我,如果能補上每天發生的事應該會有趣多了。我聽了他的話,從二〇一〇年十月二十九日開始寫下日記的第一篇心情:

二〇一〇年十月二十九日禮拜五。
我應該念點書的,最後不但沒做,也做不了其他事。

這是第一篇,到今天為止一共累積了三千九百六十一天的日記。現在我的內容比剛開始詳細許多,但是開始補上當天心情,完全改變了這個計畫。所以曲線改變方向,是

088

因為從只有打分數到加上寫日記。因為某種我不清楚的原因，寫下一天心情不自覺影響了我替快樂打的分數。自從開始寫下一天發生的事，我傾向替我的快樂打了比較高一點的分數。

所以，如果你們決定替自己的快樂打分數，重點是不要改變評分系統，若是改變，你們可能會遇到跟我一樣的問題，改變之後，再也無法拿以前的快樂來比較。評分系統會影響我們打的分數，我們這些快樂研究員都對自己的研究萬分謹慎。評分系統使用同樣的系統，就沒有必要去變動。唯有如此，才能確保快樂的高低變化是因為環境的改變，而不是評分系統。總之，我的快樂在二○一一年戲劇性改變，但很不幸地，並不是什麼神奇的啟發。

正如我們在圖19看到，這些年來，我的快樂累積的總額是一條非常穩定上升的曲線。現在我擁有的快樂天數和不快樂天數，和我十六年前擁有的數字一樣，一年平均有九十八天好日子和七十三天壞日子。我特別感到驚訝的是，我的快樂並沒有在十六年來提升，因為我在人生道路上做的所有努力都是在改善我的環境。但為了過上好日子而做過的努力，並沒有改變我的快樂：不管做了什麼，我每一年依然過著同樣天數的壞日子。在我看來，這確實證明了史波特的公式是正確的：我們的快樂會回歸基準值，很難長久保持上升狀態。

記憶偏誤

我希望再探索最後一次，完成我對快樂的變因的看法。幸好我記錄了自己的快樂，得以回味我懷念的日子，確認自己是不是真如記憶中那樣快樂。而答案卻是，大多數時候並非如此，我並沒有比現在快樂。

譬如，回顧我幾年前和朋友一起到印尼旅行的紀錄，我發現一直深深烙印在記憶裡的喜悅，只是我當時在那裡真正的感受的錯誤投射：

二〇一四年八月十三日禮拜三。五分無加分扣一分。印尼。我們一大早起床，搭公車參觀紀念碑和風景，加上天氣又悶又熱，我非常疲倦和不舒服。接著我們回到旅館放鬆一下，我們灌了很多啤酒，但和幾個剛認識的歐洲人機智對談後，我卻因為太無聊而睡著了。

當然，那趟旅行還是有許多美好時光，但毫無疑問地，我的記憶刪去了長途巴士旅程、炎熱的天氣和蚊子，一想起這些細節，可能會讓我打消重遊舊地的想法。我們的回憶幾乎都是這樣，大致上，我們會忘掉大部分細節，得出我們在當時是快樂或不快樂的錯誤結論。

我之前提過的澳洲《衛報》記者布莉姬・德萊尼，在重溫三十年來的日記後也得出類似的結論：

找一天讓我給你看看什麼叫生活全貌。我們每一天都在打造人生，回顧過去重要時刻或許能得到啟發，但從日常瑣碎更能看到你在當時存在的意義。但是我們傾向忘記普通的日子，我們吃的東西、和誰一起吃飯、起床的時間、散步到公司、我們看過的電視劇，或者我們讀過的書。

總之，大腦在評估我們長時間怎麼樣才會快樂時，似乎沒那麼有效率。而我們要接受這並不是湊巧的錯誤，大腦的使命是要我們求生存，不是讓我們快樂。如果大腦要我們從椅子站起來，會讓我們相信，長久純粹的快樂會在起身後出現，會在某個女孩或男孩身上，或在冬季結束後。我們一旦去仔細回想生活中的美好或糟糕，可能就會放棄該做的事，因為我們會敏銳感覺到，美好部分其實沒有記

092

憶中那麼美好（也沒太糟糕）。我們的大腦希望我們遺忘和跨越過去的所有不快樂，永遠不要放棄為生存而奮鬥。

如果不可能快樂，快樂的科學有什麼用？

因為有這些變因，我們進退維谷，所以在繼續這本書之前，我們要解決這個問題。如果不管往哪個方向，我們的社會最後一樣會適應——不管是任何好的或壞的改變，那麼進步有什麼用？為什麼要投入資源提升人們的快樂？如果對他們來說長期都沒差？

我的腦袋從很多年前就一直思考這個困境。我的結論是，在某種程度上，心理問題、焦慮、壓力等等，會在我們進步的現代社會裡滋生，因為我們相信可以消除所有困擾的源頭。我們不能小覷上個世紀成功剷除不舒適和乏味，但過了頭卻摧毀我們的生活。羅素早在一九三０年說過：「我們不像祖先生活乏味，但是比他們還恐懼無聊。」我們不再像過去的人受苦受難，但逐漸失去對飢餓和飲食樂趣，恐懼和安全，或者勞動和休息之間對比的警覺。我們也不太清楚什麼是真正快樂的人生，因為我們幾乎擁有所有東西，然而我們的感受卻沒有提升。就某方面來說，演化挑選了可以在環境條件嚴苛的荒野存活的物種，卻沒讓我們懂得如何安排在工業革命發生後短短兩個世紀所多出來的休閒時間和富足。有越來越多的文章指出，在富裕國家罹患憂鬱症和躁鬱症的比例上升，可能是大腦對於和快樂有關的神經傳導物質上癮的結果。這是美國精神科醫生安娜·蘭布克（Anna Lembke）所舉，她是史丹佛大學史丹佛成癮醫學雙重診斷診所的主任。她在一篇

刊登在《華爾街日報》的文章指出：

我在當精神科醫生的生涯，看過許多飽受憂鬱症和躁鬱症所折磨的病患，但是現在我越來越常看到健康的年輕人，他們有溫暖的家庭，接受過良好的教育，過著相當優渥的生活。他們的問題不是精神創傷、社會邊緣化或者貧困，而是過多的多巴胺，一種大腦分泌的化學物質，和快樂與獎賞感覺相關的神經傳導物質。

二十年前，治療病患的第一個步驟是開抗憂鬱藥，現在我建議的是完全不同的東西：戒除多巴胺。

當我們做喜歡的事，大腦會釋放一點讓我們感到舒服的多巴胺。但是根據近七十五年來，神經科學領域最重要的一個發現，快樂和痛苦是在大腦的同樣區域製造，大腦需要努力保持兩者的平衡。

當只有一邊增加，大腦就得設法回到最初狀態，神經科學家稱作腦內平衡（恆定狀態）（homeostasis），也就是往反方向。

一旦多巴胺開始分泌，大腦就要降低受體受刺激後的濃度或「調節到低水平」，這會讓大腦傾向於痛苦的一邊以達到平穩，因此緊接著宿醉或沮喪過後出現的是愉悅。如果我們等得夠久，這種感覺會消失，然後回到中間平衡的位置。但是自然而然的會想再來一劑，以期重回愉快的感覺。

蘭布克所講的，正是我們研究快樂的科學家在數千人對於快樂的答案也看到的：適應和習慣。進步似乎「填滿」我們享受事物的限度，因為我們一直豐衣足食。

如果這是真的，如果我們不論做什麼改善生活品質的事，最後都會適應，那麼我們在快樂研究學院的研究有什麼用？正如我說過，這類兩難的困境經常出現在我每天的生活當中，甚至是每一次出門後，因為我生活在所有指數列出的最快樂國家之一。我除了研究快樂，住在丹麥並沒有比住在西班牙還要特別快樂。沒錯，我的工作比較有彈性，但事實上，我已經不如當初剛到這裡時那麼珍惜。那麼到底哪裡出錯了？丹麥人是否有他們自己一套能「持續」快樂的生活方式，而我卻無法從他們身上學會？或者他們串通好欺騙我們所有人，其實他們不如自己說的那樣快樂？

老實說，我還沒找出能真正說服自己的答案。一方面，我認為身為移民，永遠不可能真的知道如何像丹麥人一樣生活，因為我在這裡沒有童年玩伴，也沒完全適應他們的文化。因此，我的快樂不是真正生活在丹麥的丹麥人的好指標。另一方面，我認為丹麥人有一套不同的看待人生的方式，或許我們許多西班牙人不懂得欣賞，但是他們卻感到知足。譬如，他們滿意和同事保持疏遠的關係，很開心能在家中燭光陪伴下度過冬季，對我來說，這樣的事不可能讓我感到快樂，或許我骨子裡就是個持不同意見的西班牙人，所以我沒辦法跟他們一樣。但不管如何，我永遠不可能進入丹麥人的腦中，調查他們為

097

什麼替幸福感打這麼高的分數。

總之，有些事丹麥人的確做得很好，比如他們的社會。正確說來，他們懂得如何剷除許多帶來不幸的根源，而我們西班牙人卻把自己搞得烏煙瘴氣，譬如失業或者不平等現象。住在這裡幾年，我研究鄰居的快樂，歸納出假設擁有同樣生活條件，丹麥人不會比西班牙人快樂。但以統計學術語來說，大致上丹麥人不像西班牙人有那麼多問題。我們來自南歐國家的人傾向於想像，要快樂只需要一點陽光、露台和朋友，但是當認真研究，就會發現即使我們西班牙人擁有陽光和社交本能，絕大部分的人還是無法好好享受啤酒，因為找不到工作，還有更多的人無法享受休閒時光，因為一個禮拜得花六十個小時工作。丹麥人可沒這樣。

儘管如此，這無法解釋為什麼丹麥人永遠不會適應他們對生活的高滿意度。快樂科學對這種詭異的狀況提出了解釋：既然我們都會適應環境，為什麼北歐人自稱比較快樂？我得說，其中有一些解釋還滿有說服性。

一方面，一些調查指出，我們不論如何總會有一些永遠無法適應的事物。沒錯，同樣是倒臥在沙發上，有人就是可以享受癱在上面三個小時，但無法喜歡慢跑回到家累倒在上面。或許有其他方式可以長時間提升我們的快樂，譬如從一貧如洗的生活到擁有基本餘裕的生活。根據這些調查，譬如失業是我們永遠不可能適應的困境。人一旦失去工作，不管期間多久，從一個月開始到最後結束為止，都會感到情緒低落。這個結果或許

098

解釋了，為什麼丹麥比西班牙失業率低，人們年復一年還是比較快樂。如果這是正確的，那麼快樂科學應該找出，是哪些方面一直威脅快樂的存在。

北歐的成功之所以這麼令人矚目，另一個解釋是和他們珍惜幸福有關。有研究顯示，丹麥人的客觀的生活條件和其他國家的人差不多，但傾向對自己的福祉有比較高的分數。譬如，當一個丹麥人和一個西班牙人賺差不多的薪水，住在同一座城市，有一樣多的朋友，一樣的健康狀況等等，比起西班牙人，丹麥人會替自己的福祉打更高的分數。這可能有很多原因，包括丹麥人比較樂觀，到他們比較容易滿足，或者他們對於從零到十分的快樂分數表上的「可能」、「同意」，或「當然」的理解方式並不同。不管如何，儘管丹麥人對於分數表的理解不同，依然比他們南歐的鄰居快樂許多。

第三個解釋，也就是我比較信服的一個，是快樂有不同類型，人們對於其中幾種永遠難以適應。如果快樂是指一年三百六十五天都過得愉快，那麼我們就可能從自己的經驗，接受快樂永遠遙不可及。但是也許有其他對生活滿意的方式吧，畢竟人不可能一直過得愉快。有人因為要照顧孩子，因此無法和朋友見面，或者無法好好睡覺，他或許不快樂，但是如果時光倒流，或許還是會選擇生孩子，這是快樂嗎？或者有另一個人正在準備婚禮，過了好幾個月泰山壓頂的日子，但是一看到未來的伴侶、家人和朋友齊聚一堂，或許會想一切的努力都值得了。我們在生活面臨很多真的不如意的境況，但我們還是願意再重新經歷一次。如果登山者在替攀抵山頂過程的痛苦評分，或許會發現不值

099

得花那麼多力氣攀登。如果他在人生旅途上不是要想盡辦法避開苦難，而是相反，就應該向自己證明他能克服恐懼。

我們每天一定會受到情緒的左右，如果能透過適應和反差來調節，或許留下的會是長久的幸福、美好的回憶、愛的感覺，與他人的親近關係，我們因而相信我們的人生有意義，儘管旅途上會遇到折磨。這是我們在快樂學院評估的不同類型快樂之間的差異：日常的快樂或受情緒左右的快樂（我的日記所記錄的類型），對人生的滿意度，或認知的世界幸福報告根據人生的滿意度，把北歐國家排在前幾名。或許日常快樂，也就是我的幸福感，以及我們對於自己人生的意義——也就是希臘人所稱的幸福。譬如，聯合國記在日記上的快樂，永遠無法長久維持，但是有其他類型的快樂，比如對生活的滿意度是可以提升並且長久維持下去的。這樣看來，或許北歐人比起其他國家的人，大致上對生活較為滿意，因為他們工作比較有彈性，或者因為可以騎腳踏車去上班⋯⋯儘管他們和其他人一樣，每日生活都會遇到各種高低起伏。我真的相信，這是回答北歐人對於適應和長久的快樂矛盾處比較可信的解釋。

不管是哪個原因，如果因此想著我們不可能一直都愉快，所以不可能有改善，實在是錯誤的。我認為不管資料怎麼說，直接下結論說遭逢戰亂或鬧饑荒的國家，無法做任何事提升人民的快樂，實在過於草率。若是想著減少社會的工作時數或改善貧窮現狀無濟於事，或者國家之間無法互相學習，也一樣太過極端。

100

福祉的新狀態

En defensa de la infelicidad

分析了快樂的內在變因之後，該輪到談談社會。很多人不知道，快樂的科學不是從心理學而是從經濟誕生的一種運動。在世界上的大多數國家，經濟成長和最常使用的國內生產毛額（GDP）指標主導了所有的討論，決定該採取哪種政策，和制定教育、衛生部門和其他重要領域的優先權。國內生產毛額在過去幾十年來一直是測量我們社會福祉多寡的溫度計。這在過去是很正常，因為一個國家在供需時刻，增加人民福祉第一個會做的是改善物質條件。但是從幾十年前開始，人民慢慢發現，儘管他們擁有祖父母輩夢寐以求的東西，卻不如期待中那樣愉快；心理健康、飲食失調的問題增加，還有濫用藥物、壓力、自信低落、孤獨問題等等。這不只是一種感覺。大部分的西方國家已經不再根據經濟成長來提升社會福祉。甚至出現幾個反其道而行的例子。譬如，當我們比較美國或印度在近幾年的巨大進步和他們人民的滿意度，我們會發現人民其實不如從前國家比較貧窮時那樣快樂。

從2009開始的改變比例

+17 %
2019

人均所得

0 %
2009

生活滿意度

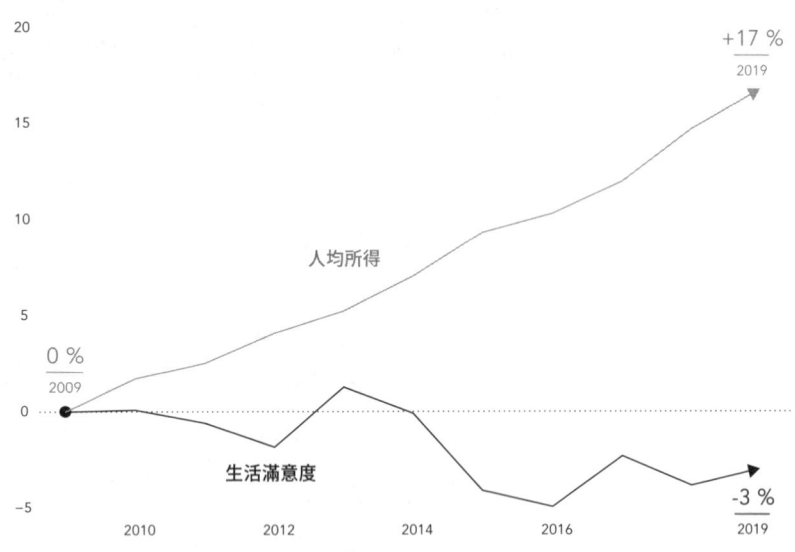

-3 %
2019

圖 20：美國的經濟成長和生活滿意度
世界幸福報告（二〇〇九年到二〇一九年）

越來越富足，卻越來越不快樂。這是我們所說的，當一個國家把財富轉化為福祉時的「欠缺效率」。美國在二〇〇九年到二〇一九年間，社會福祉並未提升，其中一個合理的解釋是雖然財富增加了，但也加劇不平等現象，因此只有少數人享受經濟成長的果實。

如果進步並未使越來越多人改善生活，那麼，進步是什麼？對我們來說，大城市裡蓋摩天大樓有什麼用？如果大樓內只有沒有人味的空間和基於競爭的關係；我們的孩子在數學或語文考試出類拔萃有什麼用？如果他們在學校被排擠和感到孤獨。如果我們只依據經濟的進步來評估，要怎麼能發現這些現

104

象?因此,幸福經濟學出現的主要原因,和心理學是毫不相干的,而是為了修正我們評估進步的方式,剷除我們煩惱的根源,以期有朝一日,沒有人需要去看心理醫師。

「福祉經濟」是一種架構,目的是以有效的方式,把評估福祉納入政策決定,挑戰當前獨斷評估進步的標準。因為消費主義一再引起的環境問題,和接連不斷的經濟危機,福祉經濟越來越吸引政府和公共團體的注意。或許這個運動的最重要事件,是二○○九年時經濟表現與社會進步衡量委員會(Stiglitz-Sen-Fitoussi Commission),也就是一群由權威經濟學家和諾貝爾經濟學獎得主組成的委員會,指出了國內生產毛額作為評估社會進步標準的限制。這個委員會追蹤幾個機構的成立,像是福祉經濟聯盟(WEAll)或福祉經濟政府夥伴(WEGo),這兩個組織透過廣大領域的公共團體和國家,導出福祉經濟的最新進展,比如制定多種政策,其中包括了紐西蘭編列用來促進社會福祉的專門預算,或者英國和日本設立「孤獨部」。

正如甘迺迪在他一九六八年在阿肯色大學著名的演說中提到:「國內生產毛額沒有包含我們孩子的健康,他們受教育的品質,或者他們的遊戲娛樂。也沒有包含我們詩句的優美或我們婚姻的力量,公眾辯論的智慧或我們公共機構的完整⋯⋯總而言之,什麼都評估進去了,就是沒包含創造一個值得活的人生的條件。」

除了政府的作為,自由市場運作的理論,勢必要慢慢適應有關福祉和我們下決定方式改變的新狀況。譬如,目前的經濟理論定義了國民會購買能提升生活滿意度(或用途)

105

的東西，因此，無法提供增進福祉物品的企業終將會消失。若是如此，我們大可等待時間過去，讓經濟自我調整，只供給我們需要購買以達到快樂的東西。根據這個理論，我們每天花在手機上的時間，不就是讓我們快樂的證據，儘管我們都知道並非如此。以社群網路為例，演算法優先讓我們看的東西，並不是要讓我們快樂，而是利用我們渴望瞬間得到回報的行為，換句話說，利用我們在觀看影片時，無法克制一個接著一個看下去。垃圾食物、賭場、酒精、香菸、咖啡，和其他許多消費商品，都是即便消費再多也無法提高幸福感的例子。但是我們的經濟卻是建立在這種想法上。沒錯，這些商品能提供短暫的愉悅，消費的人不會考慮他未來的福祉，而是相反，我們大多數人付錢想戒菸、吃更健康的食物，和做更多運動。經濟本身已經花超過百年時間鞏固邊際效用遞減的概念（Diminishing Marginal Utility），這是指當我們擁有一樣東西，接下來再多擁有一個，對我們福祉的影響變小。這或許可以解釋，為什麼我們即使擁有祖先夢寐以求的東西，依然沒感覺到太好。

從我的日記上，就可以看到我們的消費和感到快樂之間毫不相干。我每個月的快樂，和每個月花費在娛樂、咖啡、上餐廳或電影院，並沒有關聯。在下一張圖21，可以看到一共六十三個月期間，我在哪幾個月花比較多錢在娛樂上（越往右邊，代表花越多），和我每個月的快樂的關聯。

106

每個月的快樂

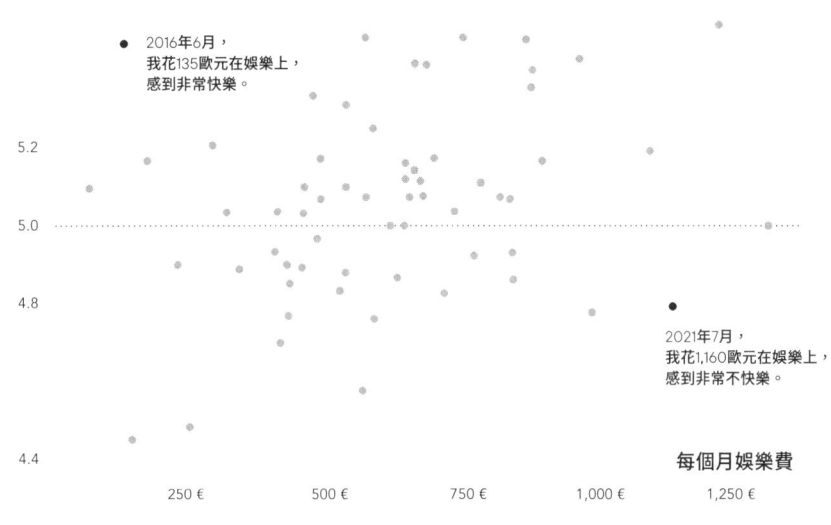

5.6

● 2016年6月，
我花135歐元在娛樂上，
感到非常快樂。

5.2

5.0

4.8

● 2021年7月，
我花1,160歐元在娛樂上，
感到非常不快樂。

4.4

　　　250 €　　500 €　　750 €　　1,000 €　　1,250 €　　每個月娛樂費

圖 21：娛樂支出帶來的月份快樂

二〇一六年六月，我一整個月花了一百三十五歐元在休閒娛樂，那是我開始記錄以來最快樂的一個月份（平均是五・四七分），而在二〇二一年七月，我花了一千一百六十歐元在娛樂上，卻一整個月都非常不快樂（四・七分）。看到這樣的結果，或許肯定地說最好不要買大多數會讓我們快樂的東西並沒有錯，或者正如美國經濟學家蒂博爾・西托夫斯基（Tibor Scitovsky）在一九七六年說過的，或許我們搞混了福祉和消費。

消費主義並非被設計來提升我們的生活，而是滿足我們最基本的快樂迴路，引誘我們對消費上癮，但是並不在乎我們的感受。如果我們希望建

107

立快樂的社會，我們不能讓市場獨自運作，而是要告知人民和他們政府，哪些快樂只能短暫滿足我們的空虛，哪些能長期解決我們的問題。美國是捍衛自由市場的主要國家之一，因為沒太認真看待這個問題，目前正飽受上癮問題折磨——從快速成長的服用鎮靜劑到肥胖率的普及，前所未見地影響了他們國民的福祉。美國哥倫比亞大學的心臟學家李·高德曼（Lee Goldman）在他的著作《過猶不及》（Too Much of a Good Thing）提醒，在美國上癮數量的增加，是來自於我們從祖先繼承而來的本能和現代生活條件之間的差距。在過去，人類盡其所能囤積熱量，以防物資缺乏的時刻。到了現代，我們處在一個永遠不缺熱量的世界，卻依然在同樣的驅使下吃下多於需求的食物，或許這就是為什麼有35%的美國人苦於肥胖症。在二〇一九年的世界幸福報告的第七章〈美國人的上癮和不快樂〉（Addiction and Unhappiness in America），美國經濟學家傑佛瑞·薩克斯（Jeffrey D. Sachs）也分析了美國在最近幾年對生活滿意度下降的一連串原因，並指出上癮是最主要的問題之一。

在本書，我們將看到長久的福祉最主要的來源是無法用金錢換取的：我們的人際關係、社區的力量，或者對左鄰右舍的信任。這些東西不僅無法用金錢換取，連物質的改善似乎也帶著我們往反方向而去，我們越來越好鬥、孤獨，無法信任他人。

我們近代歷史的最大成功，是能夠幫助失業的人找工作，救濟失能的人，讓他們喘一口氣。我們不能忘記我們來自哪裡，和我們祖父母輩曾經歷的時空環境。我們真的走

108

過很漫長的一段路，但是我們得前進，因為現今我們和他們當時面對的問題已經非常不同。我們的社會累積了財富，我們不快樂的源頭越來越不具體，我們所需的評估方法不明確：心理疾病、員工的壓力、孤獨、學校的霸凌⋯⋯都是前所未見的問題。我們避重就輕，因為我們還有更緊急的事要處理，比方餓肚子或身體生病。現在，這些問題越來越常占據新聞版面，如果不想辦法解決，在未來勢必會繼續增加。

我們要察覺自己的不滿的源頭並不容易，這也造成現代更需要快樂的科學，而不是過去。並不是我們的祖先不在乎快樂，而是從前要找到快樂很容易。人若沒東西可以吃，需要的不是解釋優先權的生命哲學，而是需要填飽肚子。當遭逢烽火連天，需要的不是一本勵志書籍或沉思的場所，而是需要戰爭結束。但是如果幾乎擁有一切，卻依然感到不快樂，那麼他能做什麼？這解釋了，不僅快樂的科學，而是所有的東方哲學、勵志叢書、靜觀、和其他對於快樂的保證，都在這個世紀以強大的氣勢進入西方市場。我自己讀過幾本這種類型書籍，試過採用書中教導放空頭腦的技巧，但我不得不說，我不太能感覺到快樂。所以我們需要一種比較嚴謹的方式，評估政策、介入或療法的效用，以科學的方法告訴天下老百姓，哪些有助增進他們長久的福祉，哪些僅僅是一時的潮流。

或許聽起來很天真吧，但其實很多機構都已經採行評量福祉的方法。譬如在保健方面，幾十年來，我們的醫療保健僅是基本性質，盡其所能救活病患，因此效率如何僅是參考結核病患或腹瀉病患的存活率。相反地，在今日我們大多數人都能活很久，以前會

害死我們的疾病，如今變成降低我們生活品質的長年毛病，如關節炎、糖尿病、骨質疏鬆、心臟疾病、視力和聽力退化、孤獨等等。隨著我們的壽命延長，醫療系統不該聚焦在我們多活的壽命，而是我們在多出來的年歲間能活得多快樂。這時需要的不是模範做法，我們要從客觀的評估方式，比如死亡，換到比較主觀的評量標準，像是生活品質。這讓我們能決定，值不值得存錢接受會在皮膚留下傷疤的治療，或投資在其他治療，儘管副作用可能比想要治療的病症還糟糕。總而言之，我們需要一併評估我們的尊嚴、活力、焦慮、憂鬱或悲傷。英國國家健康與照顧卓越研究院（NICE）或丹麥藥物管理局等機構發現，這種主觀價值能促使病患在提升生活品質的前提下，決定接受哪一種治療（大多數案例使用的是健康人年¹）。只要詢問病人，就能確定他們的感覺，並知道除了救回生命，還能怎麼改善他們的生活。

我們在哥本哈根快樂研究學院花了很多年研究這個題材，試著加速一個以福祉為主的經濟來臨。這些年來，我們發現在資料庫的所有身體和心理的疾病中，有一種長久以來最惡劣、最會抹煞病人對生活的滿意度，那就是憂鬱。比起其他任何疾病，這兩種不僅降低我們對生活的滿意度，還長期影響無數的人。然而，比起其他似乎更糟要優先處理的疾病，用在心理健康方面的預算根本微不足道，但其實不該這樣，至少從病人的福祉的角度看來不應該如此。

在醫療系統之外，我們的社會已經投注大量的金錢在促進我們的快樂。我們耗費大

110

量資源用耶誕燈飾妝點我們的城市，最主要的功用是勾起孩子們的想像。我們保護海岸，禁止興建能吸引許多觀光客的旅館，因為我們知道生態環境是重要的。而蓋建築時選用清水模，可以省下幾百萬歐元，結果還是多花錢點美化城市。總之，我們投下大量金錢，唯一重要的目的是讓民眾感覺美好。這種想法和做法，讓我們以身為福利國為傲，但是這些決定是依據我們的政府官員的承諾，而不是嚴格的評估標準，因此選民在參考哪個承諾的政策可能會變成條款時，其實不知道哪個會是真的。儘管現在我們依然無法用資料佐證，到底減緩市中心的污染，比起能開車到每個角落，是否較能提升人民的福祉。我們無法採用哪一種阻止新冠肺炎擴散的措施，反而影響了人民的心理健康，因為我們的政策是否成功，只依據死亡人數和經濟成本。只根據這種舊時評估進步的方法，無法預防下一任市長為了降低失業率，決定在市內每個綠地興建賺錢的商場，或者讓有效率的私人診所取代所有公立衛生所。

評估國家政策的社會福利到底有多重要，從一個案例能清楚看到，那就是哥本哈根在三十年前完成的重要的工程。任何到過這座城市幾天的旅客，或許都曾在運河邊感受快樂，那兒的居民在下班後會到運河泡水。這並非一直以來都是這樣。一直到一九九〇

1. 健康人年（Quality-Adjusted Life Year, QALY）指用測量效用的 EQ-5D 進行量測，結果再用標準化公式轉換為「效用值（偏好／滿意度）」。此效用值為 0～1 的數值，0 代表死亡，1 代表完美的健康狀態。「效用值曲線」結合「存活曲線」可得到健康人年。

111

年為止，每逢下雨，地下水道系統會把全市的廢棄物帶到運河，因此一整年的任何時刻在運河泡水都有危險。為了讓市民能享受運河，政府決定投注五千萬歐元整治下水道，現在雨水會先經過幾個埋在城市地下的巨大的蓄水池，經處理再到運河中。

現在，我們住在這裡的人都能受惠於那個巨大的投資，但是能獲利嗎？是不是該把這一大筆錢投資在讓市民更快樂的事物上？我的直覺告訴我不可以，但是或許有很多市民持相反看法。這筆錢大可給市內所有無家遊民一棟房屋，或者提高生活拮据的退休人士的退休金。還有什麼更好的選擇？沒有清楚的評估標準，是很難知道的，而單靠幾個人直覺的決定是危險的，尤其我們已經有工具可以向人民即時調查他們的感受，也有方法可以分析資料，從這些回答得到精準的結論。

評估進步的新方法

那麼,我們要用哪種有效評估福祉的方法,讓上層更能聽見我們對這個社會的期望?

人們的快樂真的可以評估?確實是可以的,而且已經行之有年。如果我問你今天過得好不好,我有把握你會給一個模稜兩可的答案,尤其是這一天如果是大好或大壞。你也可能給我很精準的答案,因為你感到寂寞、壓力大或者無聊。你也很可能告訴我是什麼讓你的一天美好或變糟。你和我,和所有任何一個人,都知道怎麼回答這些問題,那麼我們為什麼不聽從心底的確實答案,說出一個快樂的社會該有的樣貌?我們都看到了,我們評估福祉的能力有限,我們應該進一步深究,進行全面了解。但是不能拿量化福祉的方法仍有待改善當作藉口,而繼續使用我們清楚不能提升生活品質的現行標準,那只能用來評估政績是否成功。我們要達成共識,決定接受哪個方針來指引社會從現在到未來的進步。

我們投身研究快樂的科學的人,提議使用福祉當作評估進步的方法。這種科學試著回答一個我們都曾在內心自問的清楚問題:如果人生選擇其他條路,我會比較快樂嗎?我們用來回答這個問題的其中一個方法稱為「縱向研究」,這是比較一群人在發生某個事件

113

另一個方法是橫向研究，主要在比較一些人和其他人的福祉。這兩者都需要靠人們提供我們關於他人的福祉的狀況，透過一連串他們對生活滿意度的調查，或者他們的壓力和焦慮，或者透過任何和福祉相關的指標。

至於縱向數據的例子，我可以舉我們學院剛剛對一個丹麥顧問公司所作的分析，這間公司叫韋爾康（Valcon），有大約一百七十名員工。在幾年前，這間公司來尋求我們協助，因為它想變成世界上最快樂的國家（丹麥）中的最快樂公司。我們花了幾年時間，透過一整套有效的評估標準，了解他們員工的感受，我們分析承受較多壓力的部門和相對輕鬆的部門之間的差異，團隊對於哪些主管比較不滿等等。

在接下來我給各位看的圖，可以找到在開始蒐集資料的前六個月，將近一百七十位員工的快樂平均值：

生活滿意度

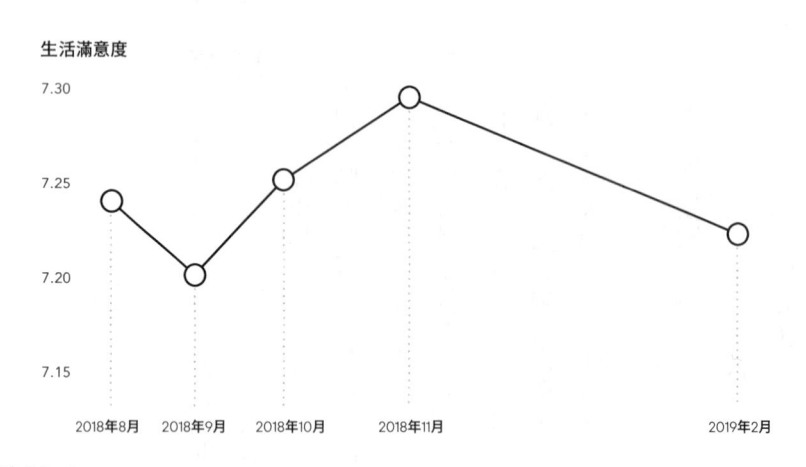

（圖：2018年8月約7.24，2018年9月約7.20，2018年10月約7.25，2018年11月約7.30，2019年2月約7.22）

圖 21-1
韋爾康公司在一段時間內的生活滿意度平均值。每個點包含將近一百七十位員工的答案。

114

這張圖顯示，當我們從二○一八年八月開始進行調查時，平均值達到相當高的七‧二四分。六個月後，生活滿意度回到最初的數值。

這一類型的圖表告訴我們，激勵一間公司員工的士氣並不容易。儘管那一年採用很多方法，卻絲毫沒有作用，而且從二○一八年十一月到二○一九年二月還下滑。我們用過各種辦法，比如設冥想教室，組晨跑隊伍，或者在午餐時間隨機準備好桌子，讓員工可以彼此認識，甚至提撥一筆預算設立品酒俱樂部、讀書會等等。這一切都沒有用。正如我一開始說的，這並不是這一套評估系統的缺點，而是強項，因為我們可以從評估知道為了提升人們生活品質所做的努力，是否真的發揮作用。從韋爾康這個例子來看，這種下滑顯示我們為了提升員工生活品質採用的方法並不正確。我們應該要重新調整努力的方向。隨著時間過去，最有效的方法是讓主管和員工上課，進而發現自身和其他人的壓力症狀（易怒、自我孤立等等），最後大幅度減緩員工之間的壓力。雖然要做的事還有很多，但此刻我們已經知道我們走在正確的路上。

至於橫向研究的方法，主要是比較一群相似卻選擇不同人生道路的人之間的快樂。譬如，想要知道你如果讀其他科系是不是會比較快樂，我們可以面試一些跟你類似的人，但是他們攻讀的是其他專業。大致上來說，如果這群人比你快樂，那麼你可以開始思考，如果你的目標是活得快樂，那是不是選錯了科系。我們利用這種分析來評估歐洲不同教育機構的福祉；我們根據國際學生能力評量計畫（PISA）的資料，確認哪間機構的

年輕人表現出較高的滿意度，旨在讓其他人可以從他們身上學習。

快樂的科學幾乎根據這兩種方法為主，最常使用的是縱向研究，因為比較容易用在蒐集資料，不需要耗費數年時間追蹤受訪者，而是只要一次問很多人，然後比較他們的回答。但可惜的是，這比起橫向研究沒那麼可靠，主要是沒把我們之前提過的適應、習慣和戒除或反差的變因考慮進去。使用縱向研究可能得到錯誤的結果，譬如，同樣是毒癮者，剛剛吸食毒品比正苦於戒除症狀者感到還要快樂，因此，會得出要快樂就要吸食此長期來說，毒品會危害快樂。這是個極端的例子，但是可以清楚說明，當只使用縱向研究作比較，可能會犯下的錯誤。大致上，如果要比較可靠的結論，我們會試著一起使用縱向和橫向研究。

此外，兩種方法各有其弱點。某些文化的人們對於承認自己不快樂、憂鬱或者沒有朋友會有所顧忌，因為這是一種弱點。這在快樂的科學中稱作「社會期望偏誤」，也就是傾向在調查中說出符合期望的答案。

儘管難以知道某個人是不是老實告訴我們他的感受，卻有其他間接的方式可以調查。其中一個有趣的方法，是比較兩個團體的快樂，一個透過網路進行匿名問卷調查，另一個進行當面問卷調查。大致上，當我們進行匿名調查時，他們傾向說出真實的感受，但是當我們面對調查者時，他們比較不那麼願意。因此，假使在某個特定的國家，人們難

116

以向其他人當面承認自己不快樂，那麼進行匿名和面對面問卷調查出爐的答案的落差就會比較懸殊，換句話說，他們在面對面問卷調查時，快樂的平均值大致上會比那些透過網路匿名方式的人還要高出許多。

這種偏誤經常出現在我們的談話當中。有時，當我們依據我之前提過的零到十分的分數表，問聽眾有誰覺得自己的快樂低於五分，幾乎沒有人舉手。然而，當我們檢視匿名問卷的回答，有 5% 到 6% 的人替自己打低於五分。我們從匿名和面對面問卷調查，看到這樣的落差，不是因為我們的聽眾非常快樂，而是我們都難以在其他人面前承認自己過得不好。因此，在檢視某個特定文化的人口是不是傾向不願意吐露自己的真實感受，可以用比較匿名和面對面問卷調查的方式。

但是我們在評估人口的快樂程度時，還有更多要面對的問題。其中一個是有些文化的人們傾向「誇大」自己的感受。在某些國家，特別是拉丁美洲國家，打十分的人數（快樂的最高分數）出奇地高，有時甚至超過打九分的人數，這讓人不免感到懷疑。把打高分的人的答案，和其他受訪者比較，可以發現他們的人生不太符合這很高的快樂分數應有的樣貌。不過也有一些統計方法可以修正這種偏誤。

還有一個阻撓量化快樂的原因是語言問題，因為根據語言不同，快樂、焦慮或者孤獨有不一樣的涵義。譬如，感覺「焦慮」在英文並不像在西班牙文那麼常用，因為在英文指的是一種壓力罩頂的更強烈狀態。這樣一來，英語系國家和西語系國家感受的方式

117

大不相同。

我們看到，當試著比較不同國家的人的快樂時，還要注意很多重要的問題。所有這些差異都經過研究，也在盡可能的範圍內調整，以避免偏誤的狀況發生。但是這一套科學方法在評估福祉時，除了弱點外也有優點，其中一個優點是，當一個國家人口接受調查時，不知道自己在回答問題的瞬間，也給出了讓他們快樂的特定因素。如果你是受訪者，當我們問你今天快不快樂，你不會知道我們的回答做什麼用途，所以不太會欺騙我們：「你們問的目的是想知道我喜不喜歡政府的作為？」正因為我們是想知道我們拿到的答案。接下來，我們會把你的答案，拿去比較其他數以千計和你在不同環境的人的回答。譬如，如果你正在待業，我們會把你、其他待業者，和有工作的人的答案一起作比較，確認失業對快樂的影響。然而，你不會知道這是我們想做的一切。換句話說，我們永遠不用問人們，他們覺得什麼是影響他們對生活的滿意度，我們只需要拿他們的答案作統計上的推估。我們會這麼做，是因為在很多案例，人們認為對他們福祉很重要的因素，往往和真正讓他們快樂的因素不同。

我們來看看我們是怎麼處理資料。「歐洲健康、老化與退休問卷調查」就是能拿來說明的絕佳例子。這個歐洲計畫出現在二〇〇四年，旨在研究年齡對四十歲以上成熟人

118

口福祉的影響。從二○○四年起到今天，已經在二十八個不同的國家做過超過三十八萬份訪談，其中有一題問及他們的福祉：

評分從零到十分，零分代表非常不滿意，十分代表無可挑剔。您對生活的滿意度是？

像我們這樣的團隊會根據這個問題，比較數千人的生活，知道誰比較滿意，誰比較不滿意，以及原因為何。接下來的圖表是真實例子，可以看到五個受訪者怎麼回答五個問題：

這個類型圖表是我每日生活的一部分，一共有幾千名受訪者和幾百個

	生活滿意度	年齡	走100公尺很困難	感到孤獨	帕金森氏症
受訪者 AT-38					
2011	10	58	是	否	否
2013	9	60	是	是	否
2017	5	64	是	否	診斷出病症
受訪者 AT-39					
2011	10	60	否	否	否
2013	6	62	否	是	診斷出病症
2015	7	64	是	是	診斷出病症
受訪者 AT-40					
2011	10	70	否	否	否
2013	10	72	否	是	診斷出病症
受訪者 AT-41					
2011	9	61	否	否	否
2013	8	63	否	是	否
2015	9	65	否	是	診斷出病症
2017	8	67	否	否	診斷出病症
受訪者 AT-42					
2011	4	67	否	否	否
2013	5	69	否	是	否
2015	8	71	否	是	否
2017	6	73	是	否	診斷出病症

表 2
「歐洲健康、老化與退休問卷調查」蒐集的資料。

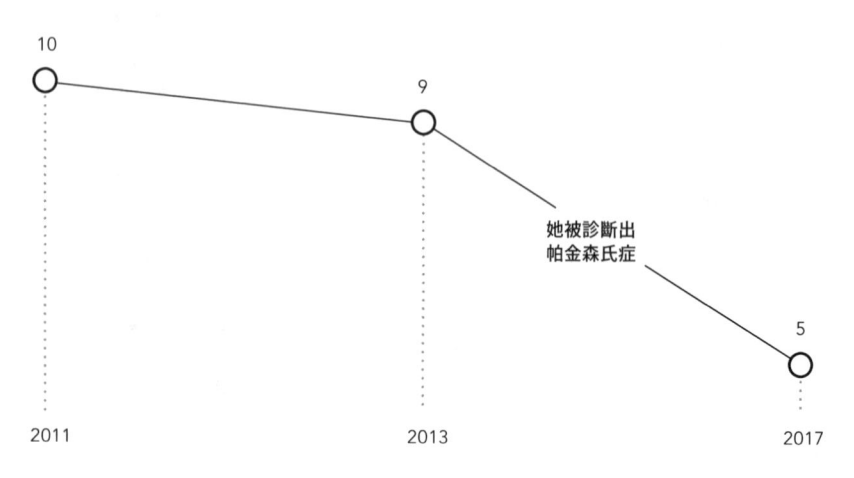

問題，我的工作難的地方在於，從所有人的回答中，抽絲剝繭出可靠和有用的資料。

第一個受訪者，我們稱她 AT-38，原因不得而知，她是來自奧地利的單身女性，年約五十八歲，她在二〇一一年時替生活滿意度打十分，二〇一三年打九分，到了二〇一七年打五分。她的快樂從二〇一三年到二〇一七年大幅度下降，這並不尋常，通常是因為生活發生重要改變。我們的工作在於釐清發生什麼事，尤其是查出她的滿意度下降，是否也會以同樣方式影響其他人。各位看了最後一排資料，不難猜出這名女士的幸福感受在診斷出帕金森氏症後下降。在下一張圖22，可以更清楚看到她的快樂感受在診斷出來後的變化：

按照這個方法，我們可以計算不同事件對人口的幸福的衝擊，從疾病、生活方式到工作

圖22：AT-38的生活滿意度

120

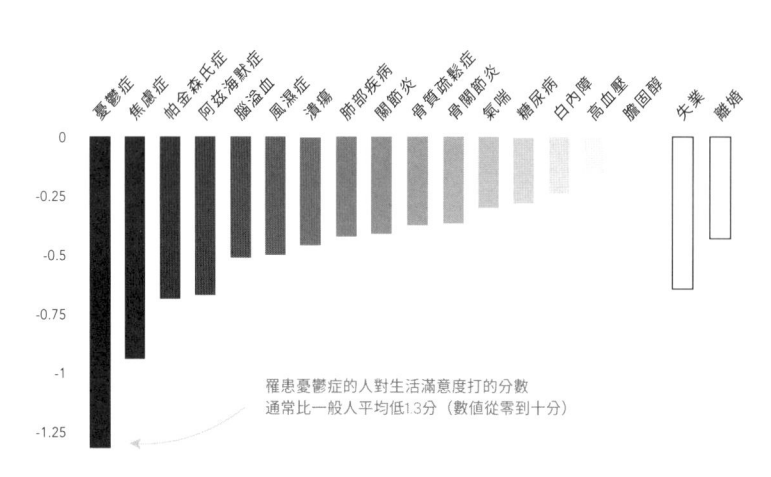

環境、薪水、換伴侶等等。在帕金森氏症這個案例，我們知道——錯誤率微乎其微，生活滿意度在診斷出生病後，平均可能下降9%。使用這個資料，你們可以在下一張圖23看到帕金森氏症和其他十五種疾病，如何嚴重影響幸福的感受：

各位可以從這個疾病排名表看到，緊跟在罹患憂鬱症人口後面的是罹患焦慮症人口，我們之前提過，他們都是失去最多快樂的人。然而，投注在他們身上的預算並未反映出這種疾病對福祉的影響甚鉅。另一方面，在每一種疾病對人口福祉的影響外，再加上受影響的人口的數量，不只可以知道受影響的程度，也可以知道多少人罹患該疾病。現在，當我們統計時，我們知道憂鬱症不只是影響病人對生活滿意度最大的疾病，也知道是影響最多人口的疾病之一。

罹患憂鬱症的人對生活滿意度打的分數通常比一般人平均低1.3分（數值從零到十分）

圖23：不同病症對生活滿意度的影響
快樂學院依據「歐洲健康、老化與退休問卷調查」在二十八個國家蒐集的資料所製成的圖。

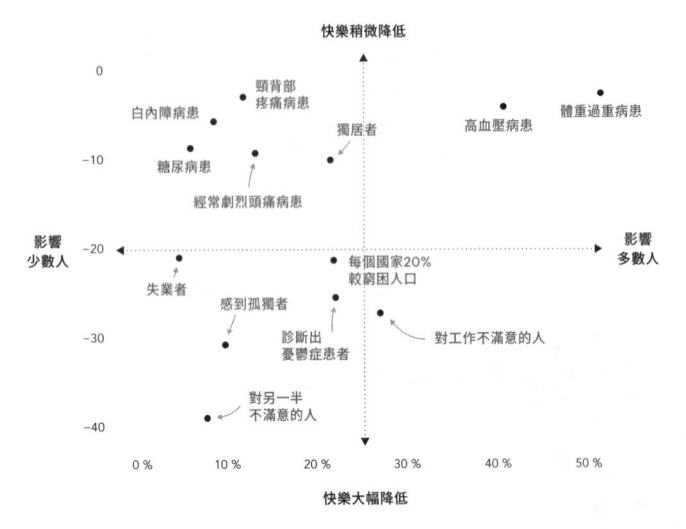

下一張象限圖可以解釋這個狀況。在圖24中，我們可以觀察到諸如體重過重或是孤獨如何影響快樂的感受，同時也看到了有多少人受到影響（越低代表越影響快樂；越右邊代表越多人受到折磨）。我們看到了，感覺孤獨或是對伴侶不滿的人，是圖中最不快樂的人，而體重過重是影響最多人的問題，雖然對快樂的影響並沒有過大：

紐西蘭的潔芯妲·阿爾登（Jacinda Andern）政府正是使用這一類型分析，來決定投注一部分國家預算，專門用來提升最需要的人的福祉。在此案例中，每

快樂稍微降低

0 　　　　　頸背部　　　　　　　　　　　　　　　　　　　　　體重過重病患
　　　　　　疼痛病患　　　　　　　　　　　　　　　高血壓病患
　白內障病患　　　　　獨居者
-10　　糖尿病患
　　　　　　　經常劇烈頭痛病患

影響　　　　　　　　　　　　　　　　　　　　　　　　　　　　　　　　影響
少數人 -20　　　　　　　　　　每個國家20%　　　　　　　　　　　　　　　　多數人
　　　　　失業者　　　　　　　較窮困人口
　　　　　　　感到孤獨者
　　-30　　　　　診斷出　　　　　　　　對工作不滿意的人
　　　　　　　　憂鬱症患者

　-40　　　　對另一半
　　　　　　不滿意的人

　　　　0%　　10%　　20%　　30%　　40%　　50%
　　　　　　　　　　快樂大幅降低

圖24：不同情況的重要性和普及性比較

20%比較窮困的人口是根據每個國家的第二十百分位數計算。以西班牙為例，這個百分比的家庭代表每個月淨收入少於九百塊歐元。使用的調查為：一、荷蘭非營利社會科學縱向網路研究機構（LISS）：大於十八歲以上人口。二〇〇八到二〇一九年。二、歐洲三十八國社會調查（ESS）：大於十三歲以上人口。二〇〇四到二〇一五年。三、歐洲三十六國生活品質問卷調查（EQLS）：大於十八歲以上人口。二〇〇三到二〇一六年。四、歐洲二十九國健康、老化與退休問卷調查：大於四十歲以上人口。二〇〇五到二〇一七年。

個影響福祉的因素轉換成了等值金額，換句話說，轉換成給某個人的錢，期望收錢的快樂能彌補他忍受孤獨、失業或壓力。

根據他們的計算，補助一個人住在冬天沒有暖氣的住宅，必須另外給付一萬五千六百歐元（假設一年一萬七千五百歐元的基本薪資）。也就是說，住在一間很冷的屋子的不滿，相當於接受一萬五千六百歐元所感受的滿意度。像這樣的方法，可以讓經濟學家和政府察覺像孤獨之類的問題所要付出的社會成本，這是今日社會在評估成本和利益的標準時，往往會忽略的地方。

儘管還有很多因素，在前一張圖看不到，我們已經可以對哪些急需介入處理有個概念，以期減少造成不幸的主要因素：投注在改善心理健康，提升人們的工作條件，重新分配財富以降低不平等現象，和根除孤獨感。

儘管本書的第一部分著重在傳達快樂是不可能的，我還是要在接下來進一步解釋我們和社會可以做哪些改善我們生活的事。或許聽起來很矛盾吧，但是正如我一開始提到，不該認為不能從比較快樂的社會學到任何東西。一定有什麼可以提升我們人口的快樂感受度。儘管我清清楚楚知道不可能一年三百六十五天都幸福快樂。長期過得快樂不只是在露台上喝杯啤酒、有性生活，或者去度假。對生活的滿意度，至少在長期來說，是依據許多更複雜的事，需要竭盡全力去行動，以及我們的社會認真看待福祉這件事。

所以，本書接下來幾章，我會談到三大影響福祉的問題，是我們目前採用的評估進步方式所無法察覺的。第一個是有關越來越多的完美主義傾向，引發了一種年輕一輩之間的自尊的競爭，合併我們以前從未見過的問題，比如飲食失調，問題的冰山一角影響了幾千上萬人的自我肯定感。如果是在真正的快樂狀態，沒有人會覺得自己身材不夠苗條，社交關係不夠好，或是個壞學生，是很糟糕的。但是我們看到，隨著社會的進步，我們越來越著迷於擁有「完美」的身材和履歷，這大部分是來自自我剛剛提到的競爭。我們解決了上個世紀絕大多數比較急迫的問題，現在卻開始操心所有的事。我們要提升生活品質，第二個要做的是減輕壓力和焦慮，這大部分是來自自我剛剛提到的競爭。如果我們想要社會的進步能大幅度提升人口的福祉，那麼就要認真分析為什麼經濟成長會危害我們的內心平靜。

最後，第三個也是最重要的是鞏固人際關係。如果社會的進步意謂我們的日子越來越美好，那麼我們就得抽絲剝繭，為什麼住在城市裡的人越來越多，卻也越來越感到孤獨。

這三個影響福祉的根源跟財富無關。事實上，財富反倒可能造成危害。如果從前時代的福祉能促成經濟進步，撥一份退休金給老年人口，救助失業者，和提供免費的義務教育，那麼現在的福祉，應該要把人民的生活滿意度納入評估標準，並掃除以前清單上從未出現的問題。在接下來幾個章節，我們會看到如何評量每個國家看待這些重要的決定性問題的態度，和開始評估這三大問題之後，可能對人口造成的重要影響。

124

完美主義社會的樣貌

快樂的社會是富裕的社會，在那裡沒有人會羞於脫掉 T 恤或在會議中發表意見。我們會依據哪些特質來評量自己，和文化息息相關。比如在西方，崇拜身材對人民的自尊造成非常有害的影響，這是過去從未見過的現象。其中一個是，我們的社會在近幾十年出現越來越多的飲食失調。

各種調查報告都顯示，在共產主義國家不像在西方國家那麼重視外表的觀感。根據一項非常有趣的研究顯示，當詢問保加利亞、捷克或羅馬尼亞的女學生，魅力對她們來說意味什麼，幾乎沒有人提到外表。而是思想或心理特質，還有社會智力；德國女性恰恰相反，她們大多數人提到的是外表。研究的作者說，諷刺的是德國年輕女性享有尊重個人權利和自由的文化，卻困在外表的魅力這樣的觀念中，而生活在受約束的共產主義制度的年輕女性，卻擁有強大的心理特質，讓自己掙脫某種束縛。

波蘭克拉科夫的沃達爾奇克（Wlodarczyk-Bisaga）醫生和他的兒童與青少年精神病治療團隊也指出，波蘭在日漸西化後，大眾文化發生改變，過度看重苗條是女性魅力特質的條件之一。在波蘭一份針對各個年齡層的一百九十八位工作者和一百九十六位學生

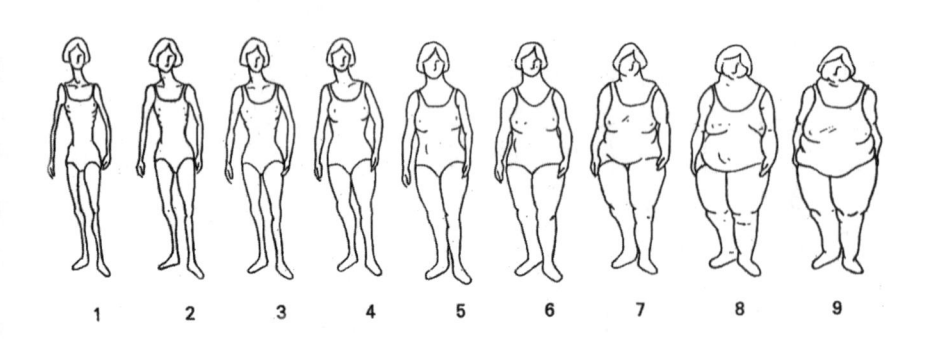

的調查發現，在共產主義垮台之後出生的年輕女性，比起在共產主義文化中長大的女性，出現較多的飲食失調問題。

宣傳海報的內容就是證據。在共產時代的保加利亞或俄羅斯，海報上的女性穿著絲毫不性感的洋裝，建造或駕駛飛機，可惜這些形象在我們今日的社會已經不常見。

儘管共產主義對大多數前共產國家是不幸的源頭，卻無損我們調查為什麼西方價值帶給他們的人民那麼多問題。事實上，問題不應該只是兩種政治制度的思想體系不同，而是財富的增加。開發程度相對沒那麼高的國家，人們對自己的身材也感到比較自在。關於這一點，有一個非常有趣的研究，當中要求

1　　2　　3　　4　　5　　6　　7　　8　　9

根據研究報告（Tovee et al，2006年），英國人評分女性的魅力，最多人選擇的是三號和四號的外型。然而，在祖魯人眼裡，三號到九號女性最有魅力。對於兩組人來說，只有一號和二號女性的評價最低。

一組英國人和一組非洲祖魯人替五十位不同的女人的魅力評分。當大多數英國人選擇體脂在二十左右的女性，非洲人選擇的卻從體脂二十到四十五都有。不可思議的是，當同樣族群在英國住了十八個月後再進行同樣的評分，審美觀卻轉為依據西方的標準。

看來，隨著西方的審美觀念擴及到全世界，對自己身體的不滿就像病毒般擴散開來。

正如南非無重量運動的領袖和英雄坦蒂·恩許（Thandi Ntshi）說：「在今日，身為一個肥胖的非洲母親是丟臉的……自從民主時代開始，我們更加意識到自己希望成為健康和獨立的女性，希望鏡子裡的自己永遠美麗。」（Le Grande, 2000）。幾十年以前，這個族群並沒有飲食失調的問題，但是專門治療這類失調問題的南非約翰尼斯堡精神科醫生克里斯多福·薩博（Christopher Szabo）提到：「近幾年來，飽受這個問題困擾的黑人女性有相當明顯的增加趨勢。」

我們可以看到，我們依據生長的文化背景，選擇哪些特質作為自尊的源頭，西方文化過於放大身材的重要性，引起許多人自我的混亂，因為如果他們生長在其他地方，或許會對自己的外表感到滿意。如果我們希望我們的社會人人滿意自己的身材，就要開始尋找原因，對自己滿意，但是所稱的進步卻帶我們往反方向而行。

儘管如此，外表的魅力只是社會用以分類人群的一個特質。丹佛大學的心理醫師和自尊研究員蘇珊·哈特（Susan Harter）發現一連串和我們自尊有關的特質，幾乎出現在各

個年齡層和文化,那就是:學業競爭、社會接納、外表、行為,和運動神經。如果我們談的角色只限成人的話,還得再加上職場競爭、吸引外表的本領,和我們與朋友的關係。哈特的研究範圍,幾乎包含所有西方國家,在那裡外表和整體自尊有相當緊密的連結。

接下來我要使用我的日記當範例,以日記中我們每個人都曾遇過的場景,解釋哪些是我們所指的影響自尊的因素。當然,這些日記並非通用的範本,但是能讓我們近一步看到這些情緒最人性的部分,和觀察我們的文化怎麼影響我們的自尊。

另一方面,哈特提到了吸引心上人的本領。我們在接下來的兩篇日記的片段,可以看到我們的自尊如何受到這樣情境的影響,以及我們所生活的社會膚淺的審美觀,讓我們為自己感到難過,或覺得自己不值得被愛,只因為我們覺得自己在酒吧裡不夠有魅力:

二〇一四年三月二十八日禮拜五。六分無加分扣一分。
今天我和一個剛認識的女孩說話,我喜歡她,她說她也喜歡我,這讓我精神振奮,鬥志昂揚,感受到有人愛的感覺。

二〇一四年十二月十二日禮拜五。六分無加分無扣分。
我已經很久沒這樣了,我想起了買醉的感覺,等待有人評論我的外表或不起眼的特質,我有點感覺自己一文不值。

128

這兩個例子傳達了許多年輕人和已不再年輕的人的感覺，他們不太喜歡自己，每晚在酒吧流連，感覺自己在其他人眼中像是影子。聽起來很悲傷，但是就像我們所住的城市真的住著很多人一樣真實。這種對外表的不滿會侵蝕我們的自尊，連我們在獨處時也不放過：

二〇一二年八月十三日禮拜一。五分無加分扣一分。
我得去買衣服，可是我不愛買衣服也不喜歡站在鏡子前面，因為充滿不安全感。

接下來我會進一步講到，主要是哪些原因讓那麼多人不接受自己的身體和個人特質，但是我可以先說明，社群網路和流行雜誌並不是主要問題。

哈特提到的整體自尊的第二個源頭是社會接納：

二〇一五年一月二十日禮拜二。四分加一分無扣分。

我在臉書上寫了一篇有關愛情的貼文……貼完後，我想自己是否該小心這種無聊的話題。我很在意其他人的意見，這是因為跟艾談過的後遺症？因為他用力批評我，害我變得過於在意其他人對我的想法？

二〇一六年七月十六日禮拜六。四分加一分無扣分。

我和埃斯和畢波見面，他們說話很毒，很會批評別人。我離開時，埃斯批評我的外套，說是不適合夏天穿；話鋒轉向我，害我感覺不安。我覺得他們倆也把他也說我有點老頭子的樣子。最後這些話都烙印在我腦海裡……我對蒂有種不安全感，儘管她說她愛我，想跟我住在一起，我卻感覺當禮拜四那天來臨時，她會批評我的房間，說裡面亂七八糟，還有我的身材和長相，這讓我感到很不安。

我挑這兩個例子，是因為反映了一個社會的批評文化可能對我們的自尊造成的影響。

不可思議的是，這兩個例子都是發生在我兩次回西班牙的旅途，在那裡我的安全感往往會瓦解。這是因為我在西班牙比較沒安全感，那裡的人喜歡說長道短，而這在丹麥很少發生。「聊八卦」對我們許多人來說，是鞏固深厚友誼的接著劑，但要注意如果我們不

想感到很沒安全感，就要注意帶來的負面影響。當一個社會的居民越是使用批評來當話題，越是百無禁忌，正是因為希望感到被接納。

看來，這數十年間這種畏懼他人意見的情況在西方有增加的趨勢。英國社會心理學家湯瑪斯・庫蘭（Thomas Curran）和運動心理學家安德魯・希爾（Andrew P. Hill）分析加拿大、美國和英國從一九八九年到二〇一六年追求完美主義的資料，結果顯示要求完美的現象增加了，尤其是其中一種稱為「社會期許型」的完美主義，促使我們不斷努力達到他人的期望。這種完美主義來自執著於他人的批評，和經常在內心告訴自己，應該要變成怎麼樣和該怎麼做，瞧不起自己的現有模樣、穿衣品味，或覺得自己的談話令人乏味。他們指出，這種現象增加的趨勢，來自於個人根據外在要求的特質，來評分自我價值，譬如學業成績、受歡迎程度，或者在職場上的成就。

最後，根據哈特指出，我們的社會自尊的最後兩個源頭，是體育競賽，和學業或職場的表現。以我為例，工作影響我的自尊提升或低落約占16%。接下來是一個取自那些日子的例子：

> 二〇一六年三月十五日禮拜二。六分無加分無扣分。今天我在短暫的瞬間感到一種真正的快樂。我已經有一段日子一直認為自己應該領比現在還要再高一點的薪水⋯⋯西對我說上頭很開心我的表現，替我加薪。下班後，我興奮不已，跟其他人分享了消息。

這件事讓我思考了，我們感到快樂，其實並不是加薪讓我們可以買更多東西，而是因為我們感到自己被肯定。我覺得加薪很開心，但三天過後，我又開始懷疑自己。

因為害怕比較而習慣批評自己

我們可以看到，我們的自尊絕大部分是取決於，我們的文化和我們感到能被接納的一連串重要特質：有魅力、迷人、工作表現出色⋯⋯但是這些特質無法解釋為什麼很多人不論人生抵達哪個境界，依然沒有安全感。我們對自己的評價太過低，不足以達到社會對我們的要求。

美國哲學家和心理學家威廉・詹姆斯（William James）在他的著作《心理學原理》

（The Principles of Psychology）中描述，自尊不只仰賴我們的成功，也依據我們希望自己「有多麼成功」：

自尊是一個人的野心和達到目標的能耐之間差距所結出的果實；換句話說，野心把成功給切割了。

根據詹姆斯表示，一個人想要擁有高自尊，必須達到他對自己的期許，或很簡單的，就直接放棄。如果不停止渴望新的東西，不論再怎麼努力，永遠無法對自己滿意。這樣看來，野心是自尊的絆腳石，同樣的完美主義也是。

停止渴望像是一種希望自己能夠自在的怪異方法，但事實上，我們都不自覺使用這個方法。譬如，如果我們遭到喜歡的人拒絕，很多人會自動從戀愛狀態掉入幻滅，突然間挑出千百個缺點，讓對方在我們眼中變得「不那麼令人渴望」，如果不是遭到拒絕，我們絕對不會這麼做。當我們得不到想要的東西，這種保護自尊的辦法就叫「降低慾望」。如果拒絕的是我們滿懷夢想寄上履歷的公司，那麼我們會說服自己，這個工作職位其實不適合我們，以此類推。

沒錯，我們得不到想要的東西，會反過來挑三揀四，以逃避受挫感，但即便得到追求的東西，我們也不一定就能感覺舒服。只要新工作的上司總是把比較重要的案子派給

133

我們身邊的同事，就能打擊我們的自尊。這是自尊的變因的第二個重要特點：比較。考試時代就是最佳例子。求學期間，我有很多考試沒過，可是最打擊我自尊的是二〇一二年七月的力學考試。那不是最難的考試，也不是我花最多力氣準備的考試。我的自尊備受打擊，是因為兩個和我同時修課的同學過了，我卻沒有…

二〇一二年七月一日禮拜日。四分加一分無扣分。

我知道兩個朋友通過考試，可是我卻沒有，實在感到難過。我知道，如果他們也沒通過，我就不會感覺是自己活該或考試太難。

這種「取決於比較的自尊」，不是根據我們客觀性的人格特質，而是透過比較我和他人的特性。取決於比較的自尊深深影響人類的快樂，而且是能夠評估的。美國經濟學家瑪麗・戴莉（Mary C. Daly）和她的團隊完成的一份有關自殺的耐人尋味研究，清楚說明這個現象。這份研究發現，最多起自殺事件發生的州，很矛盾的也是最多人聲稱自己很快樂的州。其中一個推測正是，如果一個不幸的人住在一個每個人都快樂的地方，那麼他很有可能把不幸怪罪在自己身上。換句話說，根據這個推測，如果想要在所

134

處的環境感覺好過一點，其中一個辦法或許就是那裡的人要懂得低調，沒有人炫耀自己過得多好，也沒有人會因為環境而鬱鬱寡歡。

同樣地，二○○三年倫敦政治經濟學院經濟學家安德魯・克拉克根據一個在英國進行的四萬份問卷調查樣本所得出的結論，是失業者在國內失業率最高的那幾年過得比較快樂。他給的其中一個解釋也是因為比較心態：一個國家的失業者比較不那麼憂慮，可能是把自己的窘境怪罪在國家身上，但是在一個大家都有工作的地方，那麼他們就很有可能怪罪自己。

所以，只是讓每個人都通過考試、加薪，或者推動崇尚外表，都無法提高人民的自尊；重要的是，勢必要有一部分的人成績很差，薪水很低，或長相普通。可以確定的是，我們賦予自己的價值和真正客觀的價值關聯性不高，而是依存我們所處的環境的其他人，和我們社會所看重的。

但是當我們分析自尊的互相依存性時，要特別注意一個因素。大致上，只要到沙灘和游泳池，就能看到我們身邊有各種體重和身形的人，仔細保養和不太保養的人。如果一切僅僅是比較的問題，大多數人應該會對自己的外表感到自在，因為只以統計數字來看的話，圍繞在我們四周的人都和我們差不多，但是我們的注意力永遠不會放在他們身上，而是少數人身上。以我為例，我會注意比我高大強壯的人，每次這麼做，總是會對我的安全感帶來負面影響。當我遇到這一型的人，即使整片沙灘上只有一個他這樣的人，

我也會開始拿自己和他比較，然後問自己為什麼我的女朋友跟我在一起，明明那個人比我強壯。我會因為那一刻這樣想，而覺得沒安全感，導致那天悶悶不樂。自從發現這個問題後，我在遇到會忍不住拿來比較的人時，會試著保持客觀，這樣一來，我就能看到其實大多數人都像我一樣。

或許你們有很多人會想，我要愛自己，不該拿自己跟任何人比較，這是對的。但是當一個人在寫日記時，他要寫的不是應該怎麼想，而是真正的感受。事實上，我的日記充滿和別人的比較，而這都會削弱我的自尊。不是只有我對自己如此，大多數人也一樣。所以首先要做的是承認而不是否認，才能降低被影響。從前，我只要在沙灘上看到比我強壯的人，我就會開始想我應該要好好保養，想女朋友會離我遠去，想我要報名健身中心⋯⋯這些想法在我的心底逐漸萌芽，直到我甚至不知道自己為什麼那麼沒安全感，但現在我可以當下就發現自己又在比較了[2]。

我們沒發現，這種注意力的偏誤總是一直發生在日常生活的許多情境中。我清楚記得一個發生在我大學時代的例子，當時有些我完全聽不懂的課程。儘管我和大多數同學一樣都聽不懂，我的注意力卻從沒在這群安靜的大多數人身上，而是放在總是知道怎麼回答教授問題的少數幾個學生身上。我不自覺地認為自己是唯一聽不懂的學生，承受不安全感。就是這樣，儘管幾乎所有的同學也一樣聽不懂，但我的注意力就是只在少數幾個出類拔萃的學生身上。

注意力的偏誤特別會傷害自尊，因為我們會一直忽視他人給我們的正面評語，陷在負面的漩渦中而無法自拔，看不見好的地方，牢牢記得壞的地方。這種注意力的偏誤是最為負面的一種，害我們無法接收到任何非常誠懇的正面訊息。

簡而言之，不管是不是因為野心，注意力偏誤和比較心態，說明了為什麼對任何人來說，即使做到再怎麼極致，也不能保證滿足自尊。當一個人快抵達「峰頂」，就會換掉拿來比較和注意的人，因此永遠無法對自己感到滿意。

總之，這不完全跟文化有關。這種否定自己的能力和身材的偏誤，有一種生物學方面的解釋。根據社會比較理論，我們都會拿自己和別人比較，藉此評估我們在「族群」的地位。如果我們挑個比我們差的人，我們可能會感覺比較舒服等等。但大致上，我們最有可能挑選高我們一等的人，因為當我們試著以團體裡最有價值的人為目標，比較可能進步最多，如果相反，我們滿意自己的地位，是因為有人比我們更差。若是要提升自尊，勢必要努力奮鬥，因此，這個傾向自然而然的，會激勵我們總是和最優秀的人比較。

2. 克莉絲汀・里歐西（Christina Liossi）是英國南安普敦大學兒科心理學教授，以研究外貌和自尊心理學著稱。她指出，用於治療較嚴重對自尊和對身體不滿的問題比較有發展的方法，發現了觸發我們不安全感的「引信」。寫日記特別能揪出不安全感出現時刻，讓我們找到每天發生哪些導致我們懷疑自己的事，並確認這種模式是不是一再重複。

因此，以為我們的同胞只要有野心，就能對自己感到比較滿意，實在過於天真，因為我們賦予自己價值，主要取決於我們覺得自己在他人面前是什麼樣子。但是成功或進步，都不會提升人們的自尊，那麼社會要用什麼方法，讓居民能說他們的自尊提高了呢？

我們的自尊高低根據所在地

若是想知道文化怎麼影響人們的自尊，我們應該要先找出哪些國家的人自尊比較高，哪些國家又比較低落，觀察是哪種因素導致落差。在快樂研究學院，我們根據這個方法進行好幾個案子，但是最有趣的莫過於「好快樂」（PsoHappy）計畫案，這是我們和丹麥哥本哈根軟體公司雷歐創新實驗室（LEO Innovation Lab）合作耗費數年完成的案子。我們透過這個案子觀察來自世界各地成千上萬乾癬病患的生活和情緒，這種皮膚病至今仍無法完全治癒。我們在好幾年間，透過手機的一個程式詢問病患對他們生活的滿意度，除了他們的壓力、孤獨，還問了他們身體哪些部位長乾癬等等。所有這些問題外，我們也依據「羅森伯格自尊量表」（Rosenberg）分析他們的整體自尊，表格包含十個聲明，每個受試者根據五個等級評分，範圍從「非常同意」到「非常不同意」：

- 我覺得自己和其他人一樣是有價值的人。

- 大致上我認為自己是個失敗者。
- 我覺得自己有一些不錯的特質。
- 我能和其他人一樣把事情做好。
- 我覺得自己值得驕傲的地方不多。
- 我對自己持有積極態度。
- 整體上我對自己很滿意。
- 我希望獲得更多尊重。
- 我真的常覺得自己沒用。
- 我常覺得自己一無是處。

各位可以看見,這份調查表完全沒針對人的外表,而是對自己的整體態度。

儘管這種病還沒有治癒辦法,我們卻透過這份問卷調查發現,大多數影響乾癬病患自尊的問題,都是可以解決的。比方說,這個族群的不快樂最主要因素,是孤獨感和社會排斥。想解決這個問題,需要的不是什麼神奇藥膏,而是社會的體諒,不要單純因為皮膚上的印記就批評他們。其他影響乾癬病患的快樂的因素包括:睡眠不足、壓力,以及自尊低落。我從這個計畫清楚看到,我們透過詢問民眾感受,就能找到很多改善他們生活品質的方法,而不需要提撥大筆預算或找到什麼仙丹妙藥。

根據「羅森伯格自尊量表」，乾癬病患的自尊比一般人低四個百分點，不過這也和乾癬長在身體哪個部分相當有關。影響乾癬病患的自尊的部位，比較嚴重的是脖子（自尊低落11.5%），鼠蹊部（低落11.2%），肩膀（低落10.4%）和臉部（10.3%）。我們要注意，問卷並沒有提到對身體的滿意度，而是整體自尊，所以這些百分比低落的狀況算是相當嚴重。

事實上，乾癬對於整體自尊的影響落差很大，而且要依據所在國家。在我們當中，有八個國家達到效度計算的有效樣本：西班牙、葡萄牙、義大利、俄羅斯、美國、加拿大、哥倫比亞和墨西哥。這些國家中，義大利的乾癬病患和無乾癬病患的自尊落差最大。在這個國家，乾癬病患比一般人的自尊平均低落9%，這個平均落差是其他國家的兩倍。我們還不知道為什麼在義大利的乾癬病患的自尊嚴重低落，但是像這一類型的評估是確定問題大小的第一步，接著就是開始找解決辦法。

若是提到肥胖問題，落差就非常類似。在我們的樣本當中，體重過重或肥胖的人比其他人的自尊低落5%，但是在加拿大百分比上升到10.6%，在英國上升到8%，而在其他國家像是墨西哥，體重過重絲毫不影響自尊。可以看到的是，整個社會對不同體型的態度，可能會造成自尊非常重要程度的影響。

除了乾癬外，「好快樂」計畫案也詢問其他疾病患者，得以讓我們評估糖尿病、背痛或其他慢性病，除了造成自尊低落外，是否也引起更大的不快樂。答案是否定的，譬

如，我們研究的疾病當中，就屬肥胖問題最為影響人們的快樂，很簡單就是覺得因為體型而感覺被排斥。舉個例子，糖尿病是一種肥胖病患常罹患的疾病，他們比起其他人高出1.9%不快樂的可能性。然而，若是自尊低落的人，這個可能性上升到12.5%。而感到孤獨或被排擠的人比其他不感到孤獨的人多了10%不快樂的可能性。

這些百分比顯示，如果我們真的想要提升生活品質，應該從社會根除的第一個疾病是只看表面性的東西。其他分析過的疾病當中，沒有一個像缺乏自尊一樣嚴重影響人們對生活的滿意度。如果我們的醫療系統和社會體系的工作，整體目標是讓更多的人感到快樂，那麼我們應該好好思考這些資料。

我們的不安全感的社會決定因素（SDOH）

當我開始搜尋影響我們自尊的社會因素，我想像社群網路和通訊媒體是影響我們怎麼看待自己的關鍵因素。但是我所掌握的資料並不是指往這個方向，至少並不是主要的因素。隨著我們越來越深入研究自尊高或低的人之間的差異，我發現模式其實是相同的，只是我們通常都忽略：我們和父母之間的關係。沒錯，媒體、流行雜誌，或者社群網路會影響我們對自己的滿意度，但其實在媒體上看到帥哥美女並不會打擊每個人的自尊，執著追求完美體態的人和不這麼做的人，他們之間的差異正是和從小被養育的方式有關。

要擁有健康的自尊，首先要無條件愛自己，也就是要「沒有條件」的。如果以自己瘦不瘦來評量自己，很可能一輩子都活在有人更瘦的戰戰兢兢中。如果以自己夠不夠有魅力來評估的話，很可能會遇見更有魅力的人，諸如此類。因此，我們勢必要無條件愛自己，然而，我們在幼年時期設下什麼是正確或不正確的範圍，讓我們覺得在這個範圍內，不管做了什麼都會感覺被愛。這就是一切的關鍵點。

這個結論來自數十年對於自尊的研究，或許年復一年，蒐集人類自尊資訊的多個資料庫最後會駁斥原有的結論吧。其中一個資料庫是國際學生能力評量計畫，這個來源的資料較為嚴謹和廣泛，是針對十五歲學生的能力進行評量，共來自全世界七十八個國家的數百萬份回答。許多人不知道的是，國際學生能力評量計畫包含的資料，不只關於學科能力，還有關於霸凌、孤獨，或者關於年輕人認為父母不傾聽他們的心聲。這個事實顯示，我們的社會只關注在數學或語文的排名，但在我看來，資料更透露許多學校推動的是哪些事情。

國際學生能力評量計畫列出一串肯定的問題，調查對外表滿意度的高低，受訪者要回答認同的程度：

- 我喜歡自己的身材。
- 我喜歡自己的外表。

142

- 我喜歡自己的打扮。
- 我自認很有魅力。
- 我不擔心我的體重。
- 等等

分析大約七萬個青少年對這些問題的回答，出現了好幾個影響體型滿意度主要因素：心理復原力、人生的意義、正向情緒，和學校歸屬感。但是從現有的資料，還是無法知道這四個因素，是否導致有些青少年不滿意自己的外表，或者相反，是外表讓他們感到無法滿意。然而，但是還有第五個重要的因素，而且顯然就是引起對外表不滿意的主因：父母在情感上的支持。當一個青少年在學校面對困難處境時，如果感到父母是支持的，就能有多出 17% 的喜歡自己身材的可能性，多出 24% 的人為自己人生獲得的成果感到自傲，以及多出 11% 的人自認是個好讀者（不包含閱讀理解的分數）。總之，當一個青少年感到父母的支持，就幾乎對自己人生的每一面都感到滿意。

我們從下一張圖 25，可以看到青少年在不同情境下不滿自己外表的百分比：

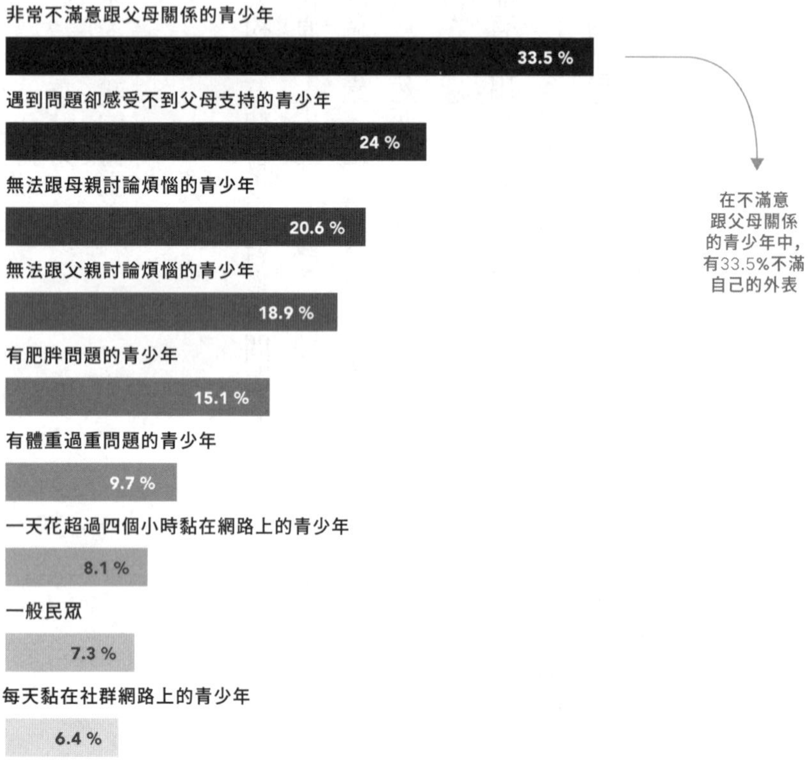

非常不滿意跟父母關係的青少年

33.5 %

遇到問題卻感受不到父母支持的青少年

24 %

無法跟母親討論煩惱的青少年

20.6 %

無法跟父親討論煩惱的青少年

18.9 %

有肥胖問題的青少年

15.1 %

有體重過重問題的青少年

9.7 %

一天花超過四個小時黏在網路上的青少年

8.1 %

一般民眾

7.3 %

每天黏在社群網路上的青少年

6.4 %

在不滿意跟父母關係的青少年中，有33.5%不滿自己的外表

圖 25：不滿意生活的青少年百分比

這張圖使用國際學生能力評量計畫二〇一八年的資料製作，包含約 2,698 到 77,749 份的調查。圖採用的是複迴歸模式，以受訪者國家和性別作為控制變數。

144

可以看到，不滿意自己和父母關係的青少年，有高達 33.5% 也不滿意自己的外表，比起有肥胖問題的青少年多出 18.4%，也比一般民眾多出 26.2%，以及比每天黏在社群網路上的青少年多出 27.1%。這張圖告訴我們，父母搞錯哪些事對子女來說是真正的威脅：我們才是子女自尊問題的主因也是解藥。我們沒有教導子女要無條件愛自己，而不是嚮往完美身材，或者考高分，或沒有收他們的手機，這些無法幫助他們擁有心態健康的自尊。這種自尊是在評估快樂時的一股力量，幫助我們建立優先順序，引導我們化努力為行動，保證提升人們福祉，而不是盲從一時的潮流。

另一個我們找到的例子是關於「學齡兒童健康行為調查」，這是世界衛生組織完成的國際調查報告，調查超過四十個國家的年輕孩子的生活飲食習慣。這份問卷也一併問了青少年關於他們和父母或同儕的關係，以及他們是否覺得自己太瘦或太胖。

有位女孩回答，她難以和母親談她的煩惱，那麼比起很容易做到的人，她有多出 23% 的比例回答自覺太胖（如果是父親的話多出 20%）。我在這個樣本中只挑選體脂正常或較低的女孩，所以這個比例特別讓人吃驚。在這個資料庫中的所有變數當中，和母親的溝通問題，讓人很容易預測一個女孩覺得自己體重不適當（不管事實到底是不是）。

在下一張圖 26，我們可以看到在歐洲國家中的這種關係。在青少年說他們能夠和他們父母談煩惱的國家（馬其頓、阿爾巴尼亞、冰島、摩爾多瓦……），覺得自己胖的青少年少了很多。譬如，在阿爾巴尼亞有 65% 的女孩說她們能和父母聊煩惱，只有 21% 覺得自

145

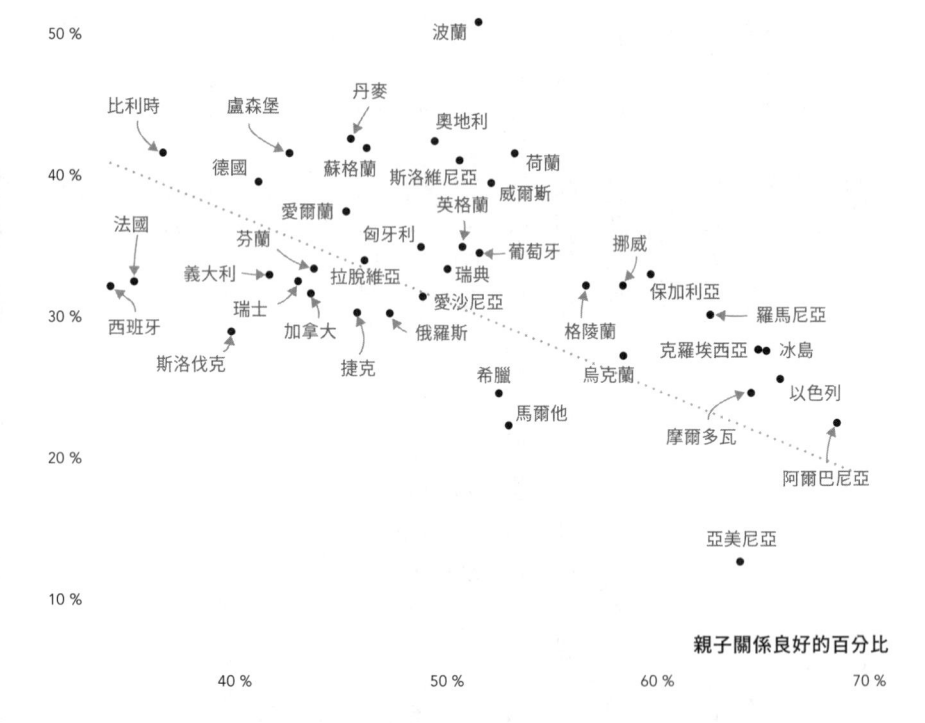

圖 26：外表和與父母關係在各個國家的狀況

這是滙豐銀行在二〇一三年，針對 74,210 位受訪者進行的「學齡兒童健康行為調查」資料。樣本中的青少年都是體重標準或低於標準（體脂低於二十五的標準值）。X 軸代表青少年認為和父母聊天很容易的百分比。

己胖。相反，在青少年似乎和父母關係不好的國家（左上：比利時、法國、西班牙、德國……），大約30%和40%的女孩覺得自己胖。我想再強調一次，根據體重標準值來看，在這裡我挑選的樣本女孩們的體重都是標準，或是低於標準……

父母的態度對我們的自尊占有重要地位，從一開始就是自尊科學不變的常數。美國社會學家查爾斯・庫利（Charles Cooley）在一九〇二年指出，我們對自己的觀念深受那些我們從小就敬重的人影響；而美國心理學家史丹利・庫柏史密斯（Stanley Coopersmith）在一九六七年說過，父母的行為，以及來自他們的接納和支持，對我們的自尊扮演關鍵功能。在《自尊：低自我價值的代價和原因》（Self-esteem: The Costs and Causes of Low Self-worth）一書中，倫敦政治經濟學院社會心理學教授尼古拉斯・埃姆勒（Nicholas Emler）從史上所有科學文獻蒐集最為影響自尊的原因，得出結論認為，與父母親的關係加上基因因素，是我們自尊中最重要的變數。「哈佛大學格蘭特終生研究」計畫主任喬治・華倫特（George E. Vaillant），在經過數十年觀察這個長達七十年的實驗主題中不快樂的童年對自尊的影響，他清楚說：

當你感到悲傷、憤怒或者快樂時，父母如果知道如何容忍或「疏導」你的感覺，而不是一味當作壞行為，就是與其他人不同。

當童年被剝奪愛和不被了解，就正如華倫特所說：「在一生情感最豐沛的階段，如果感到一丁點不自在，那麼後果可能是對自我有所懷疑、悲觀、和心存恐懼⋯⋯至於能做到輕鬆控制情緒的人，他們一生就能成為比較『成功』的人。」

我們在接下來幾頁會看到的——工作壓力，夫妻吵架，難以交朋友，都是跟這個有關，也就是小時候父母幫我們學會控制情緒的能力，如果我們想制定提升人們自尊的策略，解法並不是提出策略時，告訴學生他們能怎麼辦到。關鍵在於聚焦在家庭，提供所需資源和時間，讓父母能用盡可能健康的辦法，把心力花在教養他們的子女身上。

不打不成器

覺得鏡子裡的自己很醜的人，幾乎都不覺得他們會這樣，是來自他們跟父母的關係。而且，我們大多數人都覺得父母親非常愛我們。那麼，父母親怎麼會傷害他們最愛的人？到底其中的問題在哪兒？要釐清這一點，我們得暫時擱下資料，借助專家的敏銳洞察力，畢竟他們每天都在治療有自尊問題的人。關於這一點，其中一本我曾反覆閱讀最具啟發性的書，是密西根大學臨床心理學家琳賽・吉普森（Lindsay C. Gibson）的《假性孤兒：他們不是不愛我，但我就是感受不到》（Adult Children of Emotionally Immature

Parents）。這是一本談論自覺幼時無法從父母身上得到所需要的情緒上支持，導致今日仍無法接納自己的最好的書。

吉普森在書中透過幾個曾找她求診的病患的真實案例，探討父母冷漠疏離的態度，是如何在不知不覺中影響子女的快樂。其中一個案子是維吉尼亞。她的故事正是我們在國際學生能力評量計畫中看見的那些自尊低落的青少年的生活，儘管當維吉尼亞求診時早已不是青少年⋯

維吉尼亞總是擔心其他人對她的看法，甚至當她在社交場合時，往往像是參加運動比賽而疲累不堪，因為總會猜測其他人想法，小心不要冒犯他們，想像自己很快就會面臨排拒。她在工作上，非常在意自己在其他人眼中的模樣。維吉尼亞求診是想減緩恐慌發作（她的確成功了），但是她也發現自己在童年多麼不被接納。

在治療過程中，維吉尼亞發現布萊恩（她的大哥）和他們過世的父親一樣對她態度疏離，而她總覺得父親嫌她笨拙，不值得他的愛。維吉尼亞開始明白，她的社交焦慮反映了她在家中扮演的角色，她一直努力卻始終沒贏得她愛挑剔的父親的愛。她在不知不覺中幻想，終有一天能做對事，讓父親終於接納她。

維吉尼亞的焦慮發作，意味她開始懷疑握有掌控力的角色是否真的都是有理。有一天她告訴我：「如果有人跟我說他不太喜歡我某一點，而且特別是個男人，我會腦中一

片空白,自動認為他們都是對的。」但是隨著時間過去,她終於能看清楚她和大哥的關係:「我把他當神祇高高奉著,但他根本不在乎我的快樂。儘管如此,我還是任由他主宰我的快樂或難過。」

維吉尼亞的故事,正好可以拿來說明,有些人在家中所扮演的角色,害他們陷在承受不起的完美主義的螺旋中,摧毀他們的自尊,直到他們長大成人。

正如琳賽‧吉普森所說,我們不能把錯怪在父母身上,他們沒給孩子情感支持,是因為他們也沒從他們的父母身上得到:

我跟我的病人一起探索他們的家庭故事,通常會從他們父母親的人生找到莫大的不快樂和緊繃。許多人告訴我,儘管他們感到被貶低或虐待,但比起從父母親口中聽到他們在童年遭遇的不幸相比,他們的故事根本不算什麼⋯⋯我的許多病患父母親,似乎和他們的父母親沒有親密的感情上的連結,因此他們發展出在童年時對抗孤獨寂寞的防衛性格。

除了缺少父母親的情感支持,吉普森也指責舊時的教育系統。她說:「打孩子作為懲罰,在過去不只被接受,還躲在學校的保護羽翼下,當作是訓練孩子負責任的方式。

150

對許多父母來說，不打不成器這句諺語是大眾文化的一部分。」

這種教育方式一點也不奇怪，一直到一九四六年，美國兒科醫生班傑明・斯波克（Benjamin Spock）還在他的著作《嬰幼兒保健指南》（The Common Sense Book of Baby and Child Care）的初版，宣揚孩子的感覺和獨立存在，是除了健康照護和紀律之外，需要考量的重要因素。

從這個觀點可看到，我們在現代習以為常的東西，在祖父母時代可不是教育重點，因此經過這麼多個世代，自尊一直到現在還是被影響，就一點也不奇怪了。想要砍斷這種缺乏情感支持世代相傳，最好的方法是分析對自己或自己和父母之間的矛盾衝突，別再繼續傳給下一代。許多作家如馬格・梅恩（Margo Maine）、理查・葛登（Richard Gordon）、塔蒂娜・埃里那（Tatiana Alina），對於如何借助已經成功的社會案例加速這種轉變，給了非常有趣的關鍵見解。

透過科學，我們也可以利用許多原理，不用投入太大資源，就開始防堵這些社會問題。一項二〇〇二年到二〇一〇年間在三十二個國家所作的分析，解釋了親子溝通的轉變的因素。費歐娜・布魯克斯（Fiona Brooks）和她的團隊觀察到，在較多青少年說感覺父母肯聆聽的地方，就是舊時專制的父親角色被較為民主方式取代的地方，這種方式讓孩子們能表達他們的意見，發展出某種程度的自主權，獲得雙方之間的互相尊重，而不只是一味的服從。因此，要提升人們的自尊，我們需要開始加速轉變成比較沒那麼權威

151

而是民主的方式,這也是許多治療飲食失調專家共同的想法。防止父母親使用肢體暴力的法律條文,清楚說明轉變成對孩童有利的方式,對自尊有正面的效果。

除了權威的角色,父母的工作時間也在親子關係占有重要分量,因此,也相當影響孩子的自尊。在親子溝通比較積極的國家(丹麥 24% 和愛沙尼亞 31%),父母通常也花比較多時間陪伴孩子。推動彈性工作時間和營造家庭生活,是一種社會責任,讓下一代不再像上一代忍受不安全感的問題和鮮少跟父母互動。

在接下來一章,我們將看到這不只對孩童的自尊很重要,也能幫助大人對抗他們逐漸增加的焦慮問題。

過度害怕他人指指點點

到這裡為止,我們都聚焦在引起缺乏自尊的社會因素,和著重在我們對身材的滿意度。但是我們的的不安全感來自更深層的問題,同樣會影響我們和他人講話的方式,我們在面談或聊天時的態度等等。我們說過,我們心中的愛最主要受周遭的人影響,重不重視他們的意見。如果我們得不到經常來往的人的認同,依然還能快樂度日的人應該不多吧。因此,分析哪種文化發展出能徹底容忍他人批評的能力,是非常重要的,看一下他們怎麼做到,試著從他們身上學到一點皮毛。

其中一項針對各個文化對於畏懼他人批評的差異最成功的研究，是「成人社交焦慮問卷調查」。有個研究團隊花費長達六年期間，研究人們在哪些社交場合會感覺被批評或不自在，他們要求超過五萬九千名參加者描述他們感到不自在的社交場合。他們蒐集超過萬種以上的不同情境，並分成六大類：

1. 出糗或鬧笑話。
2. 和異性互動。
3. 和陌生人互動。
4. 遇到批評或丟臉的狀況。
5. 他人露出困擾、不開心或生氣的表情。
6. 當眾說話或表演，和上司互動。

寫一本跟我一樣的日記，可以用來找出自己在哪個時刻最不自在。以我為例，我發現自己平常社交焦慮的來源正是第六點：當眾說話。到了本哈根這幾年，我更進一步發現，這種害怕當眾說話其實是西班牙社會的特徵，至少和丹麥比起來是這樣沒錯。重要的是，理解這種文化差異，並釐清我們的教育是在哪個時刻灌輸我們害怕出錯或被嚼舌根。

我第一次踏進哥本哈根數學學院的一堂課，映入眼簾的一群學生在擠滿人的大教室中報告幾個練習的結果。他們全程用英文，絲毫沒有一點緊張。我從沒在西班牙看過這樣的景象。我和我的大學同學都怕死了當眾報告，我們以為要是說了蠢話，會在教授和同學面前抬不起頭來。這些丹麥學生在中小學經歷過什麼樣的磨練，因而能夠拋開在同學面前出錯的恐懼？我們在受教育的哪個階段被播下要「十全十美」的種子？我們社會有必要回答這些問題，以消除不安全感蔓延的範圍，因為在其他國家沒有這樣的問題，而問題不只是影響我們當眾報告。

找出世界上最沒安全感的國家

我為了找到答案，再一次借助國際學生能力評量計畫的資料庫。

這個評量計畫從幾個面向，分析害怕出糗的恐懼，而這都和恐懼出錯會引來他人意見有相當直接的關聯。哪個國家的年輕人比較不怕其他人指指點點呢？在下一張圖，可以看到依據回答所整理出的研究案例國家：

154

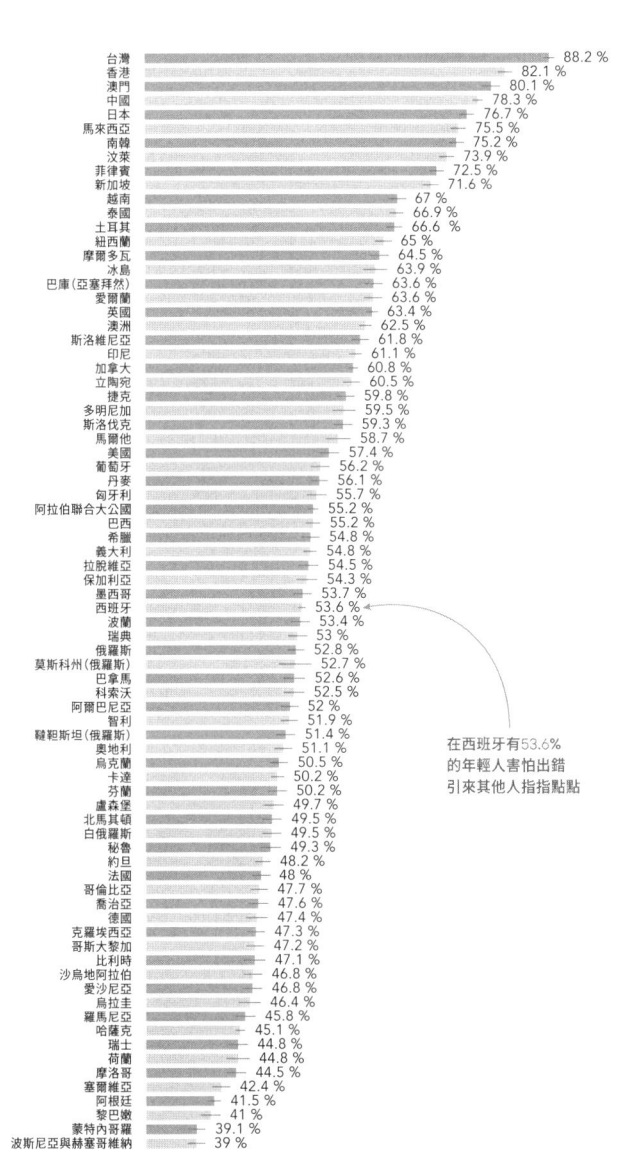

國家/地區	百分比
台灣	88.2 %
香港	82.1 %
澳門	80.1 %
中國	78.3 %
日本	76.7 %
馬來西亞	75.5 %
南韓	75.2 %
汶萊	73.9 %
菲律賓	72.5 %
新加坡	71.6 %
越南	67 %
泰國	66.9 %
土耳其	66.6 %
紐西蘭	65 %
摩爾多瓦	64.5 %
冰島	63.9 %
巴庫（亞塞拜然）	63.6 %
愛爾蘭	63.6 %
英國	63.4 %
澳洲	62.5 %
斯洛維尼亞	61.8 %
印尼	61.1 %
加拿大	60.8 %
立陶宛	60.5 %
捷克	59.8 %
多明尼加	59.5 %
斯洛伐克	59.3 %
馬爾他	58.7 %
美國	57.4 %
葡萄牙	56.2 %
丹麥	56.1 %
匈牙利	55.7 %
阿拉伯聯合大公國	55.2 %
巴西	55.2 %
希臘	54.8 %
義大利	54.8 %
拉脫維亞	54.5 %
保加利亞	54.3 %
墨西哥	53.7 %
西班牙	53.6 %
波蘭	53.4 %
瑞典	53 %
俄羅斯	52.8 %
莫斯科州（俄羅斯）	52.7 %
巴拿馬	52.6 %
科索沃	52.5 %
阿爾巴尼亞	52 %
智利	51.9 %
韃靼斯坦（俄羅斯）	51.4 %
奧地利	51.1 %
烏克蘭	50.5 %
卡達	50.2 %
芬蘭	50.2 %
盧森堡	49.7 %
北馬其頓	49.5 %
白俄羅斯	49.5 %
秘魯	49.3 %
約旦	48.2 %
法國	48 %
哥倫比亞	47.7 %
喬治亞	47.6 %
德國	47.4 %
克羅埃西亞	47.3 %
哥斯大黎加	47.2 %
比利時	47.1 %
沙烏地阿拉伯	46.8 %
愛沙尼亞	46.8 %
烏拉圭	46.4 %
羅馬尼亞	45.8 %
哈薩克	45.1 %
瑞士	44.8 %
荷蘭	44.8 %
摩洛哥	44.5 %
塞爾維亞	42.4 %
阿根廷	41.5 %
黎巴嫩	41 %
蒙特內哥羅	39.1 %
波斯尼亞與赫塞哥維納	39 %

在西班牙有53.6%的年輕人害怕出錯引來其他人指指點點

圖 27：害怕出錯引起他人意見的學生百分比

資料來自二〇一八年國際學生能力評量計畫，一共 547,585 個受訪者。

讓人吃驚的是，西班牙並不是最多學生害怕他人指指點點的國家，和我的經驗不一樣。事實上，西班牙還不比丹麥糟糕。從我當學生那時到現在，這兩個國家的教育系統應該改變了很多。各位可以從排名看到，前十個最害怕的國家全是亞洲國家，中國占比最多（包括香港和澳門）。這個結果恰巧與美國心理學家菲利普．津巴多（Philip Zimbardo）早在一九七七年的發現不謀而合。他是鑽研害羞性格科學最具權威的專家，當他分析十八到二十一歲的年輕人的這種感受時，他發現個性最害羞的總是亞洲國家，比如日本在前面排名（害羞的年輕人達60%）。

根據這些結果，我訪談了三個從中國和日本（性格比較害羞的國家）移民到阿根廷的人，和三個移住到亞洲的阿根廷人，目的是以最直覺的方式了解。他們都符合資料庫的顯示。

當然，阿根廷人沒有中國人那麼害羞……認識一個阿根廷人，或和他聊天、分享你的個人生活點滴是再正常不過的事。

——可可木沐，中國人，待在阿根廷三年

我認為我們阿根廷人大致上比較沒那麼害羞，不只是在犯錯這個部分。中國人比較謹慎……我們不是那種凡事分析的人，而是直接豁出去再說。

我們日本人非常在意其他人的想法，我們無法真正做自己。

——折田香織，日本人，布宜諾斯艾利斯探戈歌手，待在阿根廷五年

從這裡我們可以看到，不同文化對於他人意見的恐懼，程度大為不同。現在的問題是，在亞洲的學校究竟發生那些事，讓學生這麼害怕別人對自己指指點點。我比較了「最害怕」他人意見和比較沒那麼畏懼他人的學生，從他們的答案找到一種對他人看法的模式：學校裡的競爭。比較害怕他人意見的學生覺得，他們在學校必須一直和同學競爭，而這是在亞洲學校很常見到的現象。

當一個學生感覺自己在學校會被拿來比較，那麼就有高出9%的機會害怕別人對自己的看法。當一個學生看重把作業做得比同學還要好，那麼就有高出13%的機會害怕他人的意見。當一個人說他會花更多力氣與其他人競爭，就有高出12%的機會害怕別人的看法等等。

娜蒂亞‧胡尼克是個三十九歲的阿根廷人，她在北京待了超過四年，她讓我看到，競爭和比較，對某些中國大學的教育型態來說，是非常重要的部分，以及這種型態可能有害年輕學子的自尊和安全感：

我曾在不同國家就學，最嚴苛的是在中國的大學的經驗，我發現教授的教法和我們的不同，或許比較接近我們父母或祖父母時代的教法吧。教授會恐嚇學生參與，會在學生犯錯時公開指責，會拿優秀的學生當楷模，讓他的同學看清楚他有多優秀，和其他學生多麼平庸。

這些資料對我來說相當重要，因為我恍然大悟，當我跟我的同學在當眾報告，或者在會議中發表意見時，為什麼聲音會發抖：因為我們在就讀的學校面對比較和競爭。我們在受教育過程中，從未有過機會從每日持續的學習修正錯誤，而是每三個月就得接受考試，判定自己贏過或落後其他同學。我們的教育體系是建造在透過比較進行分級，並把這種方法奉為圭臬，以篩選出優秀的學生。我們的教育體系的一九七〇年的律條：「最後一招，是建立一個永遠並非以篩選學生為目的的教育體系，而是能發展每個西班牙人的最大潛力。」很不幸地，這個原則在當時並未被採用，甚至更糟，轉而選擇了用比較的方式，到現在依然主宰體系，根據即將接受汰選的學生來說，顯然可見他們的自尊深受傷害。

歐洲比亞洲好一點，但是還有很多亟待改善的地方。在最近幾年，關於教育體系的話題在丹麥吵得沸沸揚揚，這是因為青年人口壓力劇升敲響警鐘。一些像是「無瑕疵的

158

每三個月舉行一次考試的教育模式開始引起疑慮。

文化」（nulfejlkulturen）或是「教育壓力」（uddannelse-stress）的用詞流行開來，那種

根據丹麥兒童非營利組織「兒童權益」（Børns Vilkår）主任拉斯穆斯・凱耶達爾（Rasmus Kjeldahl）表示，採用評分方式和以分數來決定年輕人的價值，有持續增加的趨勢，這加大了他們所承受的壓力。新的評分方式立意良善，但是影響了青少年族群的自尊和壓力。譬如，凱耶達爾指出，丹歐格高中進行一個不以分數作評分標準的實驗，在這所學校對於學生所做的是持續給予反饋。這個實驗的目的在於，希望學生能專注在學習的慾望，而不是期末考的分數。如果我們想要養育出快樂的年輕人，希望他們有自信，或許我們應該開始針對這方面進行討論。

定義我們人格的缺點

但是除了競爭和比較外，還有其他因素定義了哪些學生資質比較平庸，哪些比較不平庸。在國際學生能力評量計畫報告的資料分析當中，大量出現一種和競爭毫無關係的因素，但是又相當重要。這個因素只是一句話：「你覺得你的智商是無論如何也無法改變太多嗎？」給予肯定回覆的學生有高於9%的機會害怕其他人的意見，這是整份國際學生能力評量計畫報告中最高百分比的其中一個。乍看之下，或許能理解其中的關聯

159

性,但是事實上這個關聯性事關緊要,加以理解能幫助我們大幅度改變我們的文化。

當一個年輕人說智力是無法改變的時,他指的不是犯錯是學習過程中自然的一部分,而是指犯錯是他的人格中無法改變的部分。換句話說,會犯錯就是因為笨。從這個觀點來看,當一個這樣看待自己的年輕人害怕犯錯或在他人面前說出自己的意見,自然也就不奇怪了。

這個發現也大大區分丹麥社會和西班牙社會。隨著時間過去,我慢慢從丹麥同事的身上學到,犯錯是學習過程中的一部分,這幫助我能夠較為冷靜主持座談會和接受訪談。對我來說,最清楚的一個例子是快樂研究學院執行長麥克‧威肯(Meik Wiking)。當我受雇之後,我以學會西班牙代表的身分,多次接受非常重要的報紙媒體訪談,我在進行時經常感到莫大的壓力和焦慮,害怕腦中會一片空白。在一次遭逢挫敗時,我求助麥克,希望他建議我如何控制這股壓力,他要我在公開活動時,永遠不要去想他人對我的看法是好是壞,當這是學習的過程,讓我越來越懂得如何對答。這種思考的方式,讓他和許多丹麥人得以在大眾面前侃侃而談,而不感到如坐針氈⋯了解犯錯是學習過程的一部分,不會永遠定義我們在其他人面前的樣子。

麥克躬行實踐,總是讓我看到,在我們團隊中犯錯和顯露軟弱並不可恥,而是學習必經的過程。事實上,我在工作第一天到辦公室之前,收到一封他發來的短訊:

我在丹麥外交部開始第一份工作時，我和同事互相介紹認識並聊了一番。過了一會兒，其中一人對我說：「不好意思，我想你似乎踩到什麼東西。」我真的踩到了東西，那是狗屎。其實我在五十公尺長的主要走廊上的新辦公室地毯上蹭了又蹭。

這個小小的故事打開了一扇門，讓我從第一天開始就對學院有種歸屬感，一種我從未在丹麥其他工作有過的感覺。就某方面來說，消除我們在公司、學校和社會上遇到的困窘和不安，這種特效藥讓人知道，有人了解人格比成功和失敗還要重要。對我們和我們身邊的人來說，這對於安全感的影響相當大。

我們身為社會的一分子，在這方面對自己和其他人有非常重大的責任：重新思考我們根據表面的價值來歸類他人的方法，比方考試的分數或者從事的職業。這應該要靠眾人力量。

我在寫這本書的過程，見證了美國二〇二〇年總統大選之前的川普和拜登的辯論會，這正是可以用來清楚說明公眾批評如何可能影響許多人自尊的例子。在這場辯論會中，川普批評的是拜登，而不是他的政策好與壞。他指出拜登在學的成績很差，說他不是個聰明的人。從幾年前開始，我注意到政治人物開始使用人身攻擊手段，但這反映了我們如何跟社會其他人溝通的方式，卻可能在數以千計的年輕族群間撒下不安的種子。

我們應該要警覺這一點，每一次發生就要想辦法阻止。如果我把我們國家的總統認為「分

161

數差就不聰明」這個說法烙印在腦海,那麼就不會覺得在學習過程犯錯是自然的部分,而是認為我犯下的錯誤定義了我的聰明程度。之後,不論我們再怎麼費盡口舌,都無法說服年輕人接受犯錯是學習路上的一部分,如果他們在長大過程相信分數差、不擅社交,或者某種穿著打扮會定義他們,那麼將會很難扭轉他們的想法。這種想法確實深深影響自尊。

如今我住在一個不會互相批評的國家,終於了解我們要如何建立一個能容納錯誤的社會,以提升我們的自尊。在接下來的章節,我們會看到這樣的社會能如何減輕我們的壓力和焦慮。而要解決這個問題的關鍵,我已經簡短說明過:批評的文化。不久前,我遇到一個例子,可清楚說明辦公室的批評文化(或者說這裡沒有這種文化)如何影響我們的內心平靜,和我們的安全感。一切起於我和麥克面試一個女孩,工作內容是協助我分析學院的資料。這個職位要求需具備我所使用的程式的相關知識,沒想到這位求職者卻一無所知,並且在面試過程想盡辦法迴避我的問題。回到辦公室後,同事們問我們面試順不順利,我的第一個反應是打算告訴他們面試一塌糊塗,但是麥克快我一步跟他們說,求職者很優秀,不過有其他更好的人選。

我當下感覺這是缺乏真誠的文字遊戲,為什麼要美化事實?求職者根本對工作要求的條件一問三不知。但是過了一段時間,我慢慢了解這是基於對他人的尊重,若是處理不當,會對員工造成莫大的壓力和引起他們的不安。這個處理,讓他們不自覺認為,上

162

司和同事絕不在他們面前說第三者壞話，於是他們也仿效學習。就這樣，因為我的上司和同事的種種努力，我不再對批評和犯錯感到不安，像這一類故事清清楚楚記錄在我居住在丹麥期間所寫的日記上。

二〇一八年九月十七日禮拜一。五分加一分無扣分。

今天我稍微有點壓力，我發現壓力是來自我怕工作做不好會被批評，不過有麥克的支持，我自然而然地丟開被批評的感覺。

我真的覺得，西班牙要改正這種態度還有很長一段路要走，我可以清楚看到生活在批評聲不斷的環境的人，如何承受莫大的壓力，以及他們在大多數時候並不了解事情環環相扣。

但是，若不想活在他人的眼光中，僅有上司或同事接受身邊的人犯錯，還是不夠的。

以我為例，我現在遇到需要面對批評的場合，依然無法放鬆，比如在許多的媒體訪談或訪問時，這是因為我所受的教育根深柢固，難以改變。想要著手改變我們的文化，我們應該要理解習慣批評他人，對大家都沒有好處，而內在忍受力低的人，就算環境再怎麼

包容也沒用。

我有一個例子可以清楚說明這種內在忍受力，那是我在某份工作被開除時。不可思議的是，那天我最擔憂的不是工作或薪水沒著落，而是如何告訴我的朋友和同事我被開除了。這是因為，我曾經在內心偷偷批評之前被公司開除的人，顯然地，如果你曾因為某件事批評某個人，之後你會無法接受同樣的事發生在自己身上⋯

二〇一七年十一月二十九日禮拜三。四分無加分扣一分。
一想到要告訴別人這件事，就覺得難受，因為我知道我在其他人被開除時曾經怎麼想，而當時的優越感讓我現在覺得沉重。

儘管我們的組織文化能容忍犯錯，並藉此提高員工的信心，事實上卻是，如果我們不能消除內心批評的聲音，那麼對我們來說並沒有用。如果能正視這個事實，會發現批評他人可能會自動化為自己的壓力⋯

164

二〇一七年三月二十四日禮拜五。五分加一分無扣分。午餐時間，我心裡想著某個傢伙身上的味道真難聞，還批評他，結果害自己一整天都在想這件事，一直到回家洗完澡才放下。

希望我們的社會能把焦點擺在所有增加孩子安全感和提升自尊的事情上，但是至今沒有一件列在待辦清單上，事實上我們只要真的關注就能條列化，但在教育方面，我們唯一擔心的似乎還是名次。如果我們繼續只憑分數來決定學校的效率，效仿的對象永遠會是那些年輕人靠著互相比較而提升生產力的國家。我們正是利用這一點作為有力藉口，繼續使用現在的福祉標準制定決策。

在意他人意見的社會的優缺點

調查資料清楚顯示，如果我們希望學校裡的孩子有安全感，就應該停止拿學生作比較，教導他們犯錯是學習過程的一部分。不可思議的是，這一點並沒有被理所當然視為教育的核心，近代史上的整體主張恰恰相反。如同前一章節的臨床心理學家琳賽・吉普

森親口說，這句「不打不成器」占據我們文化一部分太長時間。這種教育方式對年輕學子的安全感有害，為什麼還是有那麼多國家陷在其中？

長久以來，我們的教育體系灌輸這種恐懼（尤其是畏懼師長的意見）的其中一個理由，是出自這種體系的國民懂得自重、忠於上層，有效率完成交代的工作。美國心理學家菲利普・津巴多（Philip Zimbardo）指出，恐懼他人的意見，可能是東方人族群有相當低的犯罪率的原因，不管他們是在亞洲或者美洲。害羞診所（The Shyness Clinic）的主任琳恩・亨德森（Lynne Henderson）也指出，個性害羞的人對於他人意見國家的年輕人，語言、數學和科學成績的表現比較出色，這是取自國際學生能力評量計畫報告的結果。也就是說，在恐懼他人批評的社會的人有非常正向的特質，譬如忠於上層、取得好成績，或較具備同理心，或許在不惜代價也要剷除這種恐懼之前，值得好好再考慮一番。

從這個觀點來看，如果我們想要聽話的好學生，最有效方式是創造競爭環境，消磨他們的自信心，亞洲就是活生生的例子。相反，如果我們認為教育應該把焦點放在更多事物上，除了學校的評分標準外，也要加進不同的評分選擇，譬如畏懼他人評語、自尊、孤獨，或霸凌。

結束這個部分之前，我想要談談教育人民畏懼他人批評，不僅會嚴重傷害他們的福祉，還可能擴大負面的結果。因為在這種教育體系長大的人就算身經百戰，卻可能因為

害羞而不敢開口，最後接受初出茅廬但有魅力的人領導。我印象最深刻的例子，是蘋果公司三個創辦人之一的史蒂芬・沃茲尼克（Steve Wozniak），他在傳記中描述自己如何恐懼批評，害怕說出想法，差一點就想對全世界隱瞞史上最暢銷的電腦：

設計雛形。

終於有一天，我得站起來向大家介紹我創造的兩台電腦。其中一台變成蘋果電腦的

我就是這麼害羞。我上課時總是坐最後一排。

我有很多話想說，但是我就是不敢舉手，或說不出話。

沃茲尼克很幸運，他不得不介紹他的電腦，可是人類在歷史上錯失多少進步的機會？只因為發明出東西的天才害羞而不敢舉手？於是，我們社會只有比較外向的人有機會影響決策和輿論，對大家來說這不但非常有害，還背離我們拚命捍衛的自由言論。要避免這個情況，就需要教育大家不要害怕說出自己的想法。

我希望指出這一切後，能引起大家討論情緒和人格對我們社會的影響，並清楚知道，只要把年輕人的害羞和自尊納入評估，就能徹底翻轉我們的教育現況。

總結，我們自尊的社會根源

到目前為止，我們看到社會累積財富，並不能保證居民能改善對自己的滿意度。我們要警覺一些新的情況，像是越來越多人罹患心理疾病和飲食失調，開始把焦點放在外表：社群網路、流行雜誌，無法達到的美麗標準……都影響著我們的自尊，於是我們忘記什麼才是真正重要的。而父母恐怕是危害孩子自尊的主因，我們沒給予情感上的支持，讓他們受到生活中最敏感的情緒問題折磨，進而影響他們一輩子的自信。我們應該要好好思考這一點。

在本書的開頭幾章，我們大範圍談到維持快樂是困難的，了解這一點，不僅會深深影響我們面對人生的方式，也會影響我們身為父母該有的態度，因為我們在這個世界的責任不是想盡辦法預防孩子受苦，而是在他們成長過程一路相伴。不快樂是難以避免的，但並不意味我們就能忽視他們或其他人的自尊或自信的發展。不幸的是，時時維持快樂是不可能的，但不意味我們不用去改善下個世代的生活品質。那麼正如我們在本章許多年來教育一直以「鐵腕手段」，訓練他們變得更加強壯。看到的，有太多證據顯示，這種教育模式不僅無法打造學子強健的心智，反而傷害

了他們的自尊，而且在每個世代重複上演。我們應該立刻著手，永遠改變這個現況。

如果我們依然不評估人民的福祉，政府官員將會繼續著眼在評估數字——國內生產毛額、生產力或失業率，怎麼樣也無法提升我們的快樂感。做法很簡單，就是把福祉納入評估範圍，這樣一來，或許我們在社會各個層面，比如在教育體系，會以自尊為優先考量。到目前為止，評估學校效率的標準主要在語言、科學和數學考試。媒體聞風起舞，多年來報導我們在排名上的位置，彷彿認為應該要追求亞洲學校的腳步，那兒的年輕學子成績優秀，是學生在高度競爭環境犧牲自信心換來的結果。我想要問一個重要問題，我們是不是想創造跟那裡一樣的環境。如果不是，我們就該清楚知道，評估的標準會決定我們學校採行的教育政策，確定我們的優先順序，和定奪進步該走的方向。

高壓社會的景象

儘管我們的壽命在一個世紀內增加一倍，身家財產也翻倍，但是壓力和焦慮卻變成我們生活尋常的一部分，這是資本主義和科技進步仍無法解決的問題。我們是人類歷史上最得天獨厚的一群，但是我們心知肚明，沒有任何人能完全享受心靈的平靜。我們是人類歷史生長在這個時代的我們每天擔心的問題甚至比前幾輩的人還要多。的確有一些資料證實了憂慮感的存在，其中一份在瑞士完成的長達二十五年的研究報告，確定焦慮感在最近二十五年來大幅上升。另一份在美國從二○○八年到二○一八年間完成的研究，也觀察到焦慮感增加的清楚趨勢，特別是在十八歲到二十五歲之間的年輕人身上見到。在第三份也是來自美國的研究報告，分析在一九三八年到二○○七年之間超過六萬三千份訪談得到的資料，再次發現精神疾病增加的清楚趨勢，比如妄想症、躁鬱症和憂鬱症。這份報告的作者指出，罹患精神病增加的最主要原因，是追求外在的報償，像是經濟利益或身分地位，而不是過去所追求的內在價值，比如人際關係或群體的歸屬感。

問題在於，和過去的資料相比，難以知道現代的我們是否真的比較飽受焦慮困擾，或者我們其實習慣與其相處。或許兩種可能性都有，但是不管是哪一種，現實是這個問

題已經廣泛影響我們的福祉,我們如果希望福祉能名副其實,就應該要正視。我們不能等待經濟的進步自然解決這個問題,因為身在現代的我們已經知道,是這種進步引發這類大部分的問題。我們睡得比過去的人少,但從文獻記載,缺乏睡眠是導致壓力、焦慮和憂鬱症狀的原因之一。儘管我們都知道運動有助改善壓力,我們過的卻是史上前所未有的靜態生活。我們的祖先從未有機會像我們每年喝下幾公升的咖啡,或罹患便秘瘧疾,或那麼多刺激和豐衣足食的生活。一罐可樂含有的糖分,相當於一七○○年的人一個禮拜的攝取量。這是近幾十年來物質生活提升的巨大成就,但這種刺激的來源也造成器官的不尋常反應。

我們通常認為過敏和發燒,是身體抵抗可能危害器官的外來侵入者的方式,但是我們不知道焦慮和壓力也會引發類似反應,這是我們大腦鎖定著我們沒注意到的可能有害事物。問題在於,這種機制很可能會出錯,把不存在的危險看成就在眼前。同樣地,當有些人對某幾種花粉有過敏反應,對其他種卻不會,大腦也會鎖定某種不一樣的「危險」有過度反應,僅僅是因為我們的直覺不習慣新的環境。而過敏的增加,來自於孩童越來越少接觸細菌,而這在過去是增強抵抗力的方法,此外還有面對新的過敏原,譬如污染、逐漸常見的焦慮,或者其他心理問題,這可能是因為不適應環境,像是人造光源、過量卡路里、大城市裡太多陌生人等等。

經濟和科技的進步在很長的一段時間促進人類的福祉,但重要的是我們要懂得劃分

進步帶來的不便。但是我們生活中最主要的壓力和焦慮來源不是來自太少或吃不好，而是從祖先繼承而來害怕被逐出部落和失去群體的敬重。我們失眠的原因是上司的態度、夫妻問題、明天的報告⋯⋯事實上，人們尋求心理治療的十大恐懼，其中三個就和社交焦慮有關，也就是恐懼當眾講話、害怕人群，和害怕認識新的人。而今日我們面對的周遭所有壓力中，最大的是和其他人互動。

仔細分析這件事，我們會恍然大悟大多數人最主要的擔心來源，害我們心情低落、焦慮或罪惡感的觸媒，並不是什麼霉運、工作過量，或壞天氣，而是我們的人際關係。正如法國生物學博士同馬修・李卡德（Matthieu Ricard）所說，如果我們在一艘船上睡著，被另一艘船撞上，我們可能會氣呼呼跳起來，看是誰撞上。但如果我們看到的是一艘空船，或許放聲大笑就算了。這是因為我們生氣不是因為被吵醒，而是氣有個人搗亂。這或許可以套用在生活的每一面來看。

有很多研究報告顯示，我們內心的平靜會受外界干擾。其中一份由心理學家莎莉・迪克遜（Sally Dickerson）與瑪格麗特・奇米尼（Margaret Kemeny）在二〇〇四年完成的研究，結果令人感到驚訝。她們兩人發現，許多針對在高壓環境釋放皮質醇的實驗，儘管進行時的條件類似，還是可能出現相反的結果。她們小心翼翼地分析兩百零八份研究，想找出究竟是哪個因素，影響人在進行某些實驗時感到壓力，在其他實驗卻不會，結果她們發現共同的因素是，當他們意識到自己正在參與實驗，會感到較大的壓力。換句話

說，讓人感到壓力的不是研究人員刻意製造的實驗，而是他們親自參與實驗這件事。社會的評估標準，是觸發壓力荷爾蒙分泌的最重要因素，而不是實驗本身。

不過這個解釋是不一定的。我們向來把感覺視作求生存的機制，以便在進化過程中遠離有害健康的一切：噁心能防止我們吃到壞掉的食物，恐懼能讓我們遠離危險等等。這話是沒錯，但是這種過於簡單的想法，卻導致我們忽視這種機制真正的重點，作為社交動物，如果想要生存下去，最好能借助情緒幫助自己融入部落。進化法則挑選的人不是最強壯的，也不是動作最快的，而是懂得社交的人。所以，不論是人類或是許多靈長類動物，當他們發現自己和同伴的關係變差，就會特別有危機感。這也是因為我們的社交保全系統一直注意四周環境，看有哪些可能危害我們社交和自尊或群體關係的可能威脅，這絕大部分端看他人對我們的看法。這個人類焦慮的最主要來源，大幅度降低我們的幸福感。

一些相當有趣的研究顯示，人際關係不僅是人類也是靈長類動物的最大壓力來源。其中一份研究觀察到，一群狐猿到了每個月換籠子的時候，血管擴張的情形就會增加。血管擴張是壓力引起的典型現象，提升了動脈粥狀硬化斑塊出現的可能性。不可思議的是，一直待在同樣籠子裡和同樣同伴相處的狐猿，並沒有血管擴張的情形發生。研究人員的結論是，狐猿覺得每隔一陣子就得和不同的陌生狐猿相處，是一種巨大的壓力。另一份最近的研究分析了同品種的狐猿群體內的社會階層的影響，發現較低階層的狐猿比

起領導階層的狐猿，有多一倍罹患動脈粥狀硬化的風險，牠們在早晨時的皮質醇濃度比較高，這是因為忍受長時間壓力而出現眾所皆知的生理反應。

如果我們把這個發現，換個場景到大城市擁擠的地鐵上，不難理解為什麼我們社會的壓力在近幾十年增加非常多，儘管我們比上個世紀還要豐衣足食。我們的祖先幾千年來生活在小型部落，一輩子都不曾離開，他們從出生到死亡認識的都是同樣的一群人。但是從前互不相連的部落，到了現代變成大都會，生活在其中的我們得和數百個不認識的陌生人共享時間和空間。這個現狀清楚顯示都市居民過著壓力較大的生活，而住在人口密集的地區，人們會感覺比較無法和他人互動。這不僅影響了我們的福祉，也影響我們的健康。一份在一九九〇年完成的研究認為，可能是壓力導致現代紐約出現異常高的心肌梗塞病例。

但是，是什麼讓我們跟他人的互動感到壓力？是每天早晨和陌生人共享車廂？應付生氣的顧客？是塞車？是上司失望的表情？《我愛身分地位》一書作者哲學家艾倫·狄波頓（Alain de Botton）對此提出他的理論。在他看來，現代社會的焦慮的最主要來源，是恐懼自己的人生跟其他人相較之下淪為平庸。因為不可思議的理由，這種焦慮在已開發社會變得常見，從前社會地位是世代傳承，到了現代（當然）是根據我們有多麼努力出人頭地是在於有沒有生意頭腦，和一個可以實現生意點子的車庫──我們稱作「精英社會」，在這個社會我們都從相等的條件開始，最努力的人能夠成功。媒體不分晝夜報

175

導，他們的人生跟我們從同樣的起點開始，經由努力不懈而成為億萬富翁。這種人生的版本產生的負面結果是，如果我們認為人能爬到上層是因為比誰都更努力，勢必會認為那些落後的人是自作自受。狄波頓指出，這樣的心態反映在今日我們對待街頭遊民的方式。在上個世紀，當人看見乞丐時會想著「可憐的傢伙」；然而，現在很多人都認為淪落到那種處境，應該是他的人生踏錯步，而這是他咎由自取。我們得承擔所有的責任。在過去，如果出身貧窮，絕沒有辦法脫貧，因為社會階級難以突破，可是到了今天貧窮被認為是遊手好閒。在作者看來，這是這個時代主要的焦慮來源，如果我們真的相信只能靠自己改變人生現狀，那麼運氣這個因素就會從方程式上消失，人就會把問題怪罪在自己能力不足。或許我們該要批判勵志書籍，或許正是書中鼓吹這種錯誤的想法，讓我們以為，如果你的意志夠堅定，你就能成為心目中想要的人：富有、苗條，快樂……

勞工的焦慮

但是每個人承受這種壓力的方式不同。當分析哪一個族群承受最大的壓力，這個年齡分布在二十五歲到五十五歲之間的族群，清楚看到，自身福祉最受壓縮的是勞工。這個年齡分布在二十五歲到五十五歲之間的族群，飽受最多壓力和焦慮的折磨，他們不只是壓力最大也是最不快樂的一群。我們來看

下一張圖28，這是在歐洲所做的大約七萬九千八百多份訪談，資料顯示壓力（左邊）從青少年時期到四十五歲和五十五歲逐步上升，自兒女獨立和退休後開始下降。至於對生活的滿意度，正好如出一轍：每兩個青少年就有一個覺得對自己的生活感到滿意，但是這百分比逐年下降，直到四十五歲到五十五歲是低谷，從這裡開始反彈回升：

乍看這些資料，似乎犧牲某個年齡族群，來達到維持自身福祉是很不道德的，換句話說，當有人忙於支付帳單和教育下一代，而曾經動過把家中長者送往安養院的念頭，我們可能會怪罪他們。

壓力百分比

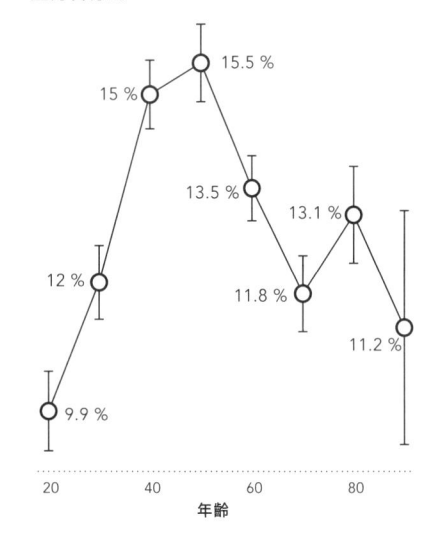

- 9.9 %
- 12 %
- 15 %
- 15.5 %
- 13.5 %
- 11.8 %
- 13.1 %
- 11.2 %

年齡：20, 40, 60, 80

生活滿意度百分比

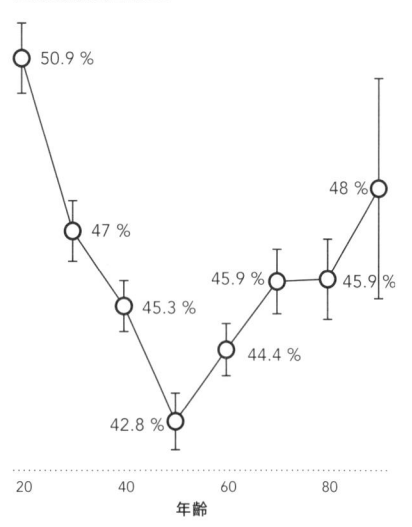

- 50.9 %
- 47 %
- 45.3 %
- 42.8 %
- 44.4 %
- 45.9 %
- 45.9 %
- 48 %

年齡：20, 40, 60, 80

圖 28：各個年齡的壓力和生活滿意度

歐洲生活品質調查（European Quality of Life Survey）。依據七萬九千八百多份訪談製作。

在繼續下去之前，大家有必要知道壓力是必要的。只要別把自己逼得太緊，我們就能充分享受接下來的放鬆，這就像我們努力運動過後，接下來得以坐在家中的沙發上好好休息。我們已經在前幾章看過，不快樂是人生的一部分，但是壓力也是。生活中的寧靜，有時正是在熬過一段莫大的痛苦時期之後到來。此外，壓力能幫我們保持警覺，比如在旅行時不要忘記護照，或者別漏掉婚禮的任何一位賓客。若是沒了壓力，天知道我們會有多少需要睡眠足夠，否則起床後會疲累，甚至整天都像快爆發的火山；或者無法看清楚事情癥結、劃清界線、清楚思考。這些症狀都是第一個警訊，壓力可能惡化成更為嚴重的心理問題。

說到這裡，勞工的問題不是來自身體健康、社群網路、移民，或者議會每天討論的所有話題。影響這個年齡人口的是某個常見、每天聽到的問題：我們覺得在公司遭到不公平對待，沒時間陪伴家人，不能回到家就放下工作，和另一半不合，和父母吵架，養兒育女，失眠，隔壁傳來的敲打聲，房東等等。其中，對他們造成最大壓力和引起焦慮的是工作，如果我們想對這個族群拋出救命繩索，那麼這就是社會真的得要想辦法改善的問題。

工作有害我們心理健康，是廣泛證實過的事實。有一份在英國完成的為期數年追蹤的大規模研究，研究員團隊透過一個叫「Mappiness」的手機應用程式，訪談幾千個人在

178

一天的不同時刻的感覺,同時間他們在哪裡,或這一刻正在做什麼。分析了數百萬個回答後,他們發現比較不快樂的是正在工作的人,更不快樂的只有生病的人。正在工作崗位上的人放鬆感下降10%,比起其他人的快樂感少了5%。

還有一份二○○四年在美國德州針對九百零九位女性進行的類似研究,也得到相同的結果:一天最不快樂的第二個時刻是工作時間,而最快樂的時光是和另一半在床上溫存。從接下來的表3,可以看到我們每天花最多時間待的地方,很矛盾的就是我們不是太快樂的地方(想像一下,如果反過來是什麼樣的狀況):

我從日記也可以看到類似的狀況,但是有些重要的地方。儘管我的生活最不

活動	快樂平均值	一天所花的小時
性愛	4.7	0.2
交際	4.0	0.3
放鬆	3.9	2.2
禱告/冥想	3.8	0.4
吃飯	3.8	2.2
運動	3.8	0.2
看電視	3.6	2.2
購物	3.2	0.4
煮飯	3.2	1.1
電話聊天	3.1	2.5
照顧子女	3.0	1.1
電腦/電子郵件/網路	3.0	1.9
家務	3.0	1.1
工作	2.7	6.9
旅行	2.6	1.6

表3

快樂的時段包括工作時間，但不是每天上班都不快樂。在接下來的圖29，可以看到我在最近十年的四份不同的工作所「累積」的快樂。各位可以看到，除了其中一份工作，我其實過得很快樂：

我在前幾章曾解釋，累計的快樂值代表我在一段時間內所「累積」的快樂總天數，也就是說，除去不快樂的天數的餘數。如果圖是趨勢向上，意味這段時間我過的好日子要比壞日子多；如果是向下，就恰恰相反。我們可以看到，其中三份工作的平均值是正數，但是我發現第三份工作的儲值急遽下降。接下來是我在那段日子所寫的一篇日記：

禮拜一到五
累計的快樂值
100
50
0
2012
2014
2016
2018
2020
第一份工作
第二份工作
第三份工作
第四份工作

圖 29：禮拜一到五累計的快樂值

二〇一七年四月十八日禮拜二。四分無加分無扣分。

我覺得在之前受到肯定，是公司中的重要螺絲釘；現在我只是個無名小卒，有時感到被瞧不起。

許多年過後，當我從日記中研究這個題材，再檢視幾千名來自世界各地的員工的答案，我得到的結論是，我們想要在工作上得到快樂，其實跟想在交往關係得到快樂，需要的沒有太大不同：我們希望被身旁的人喜愛、肯定、需要。我們都渴望得到另一半的愛，儘管有其他比我們幽默的人，否則我們將生活在只要有更好的人出現就可能失去他們的威脅中。這是我們的人際關係穩固的重要關鍵，多年來卻在我們的工作環境中被忽略。除了自身的生產力外，我們更需要得到自己團隊的肯定，然而有越來越多的員工害怕工作會被更有效率的同事搶走。亞當・史密斯和馬克思在很久以前提出「勞工疏離化」（Alienation of labor）的概念時，已經談過這一點。但是小型企業或家族企業比較少見到這個狀況。

當我們認為對公司有貢獻，就會對自己的工作感到滿意；然而，感覺自己有用和感

覺被利用之間只有一線之隔,這對我們的公司來說是個大問題,而這種微妙的差異的關鍵就在勞動人口的福祉。接下來,各位來看看來自我的日記的兩個例子,我替這兩天都打三分,這是我的快樂數值中相當低的分數:

二〇一七年八月十五日禮拜二。三分加一分無扣分。

這一天踏進辦公室時,差點被外面的陽光曬昏。接著我開始感覺自己在這裡像個機器,不被重視。即使都沒犯錯,也沒得到肯定;即使做得到,也被認為是應該的。這讓我有種罪惡感,害怕自己無法完成交付的工作,以及感到某種程度的孤獨,因為他們不把我當人看,而是個只要不會犯錯就有用的角色。

二〇一八年八月十六日禮拜日。三分加一分無扣分。

這一天上班時間開始後,大家都用丹麥語聊天說笑……我感覺沒有人感謝我的努力付出,感覺這不是我想做的工作,以及大家都在說笑,我卻遭到利用去做沒人想做的事。

在最近幾年,員工的福祉開始受到重視,原因不是福祉本身,而是成本效益分析,

182

有越來越多的公司開始注意到我們在很久以前就知道的事：員工離職，是失去動力、受不了壓力，或者感到不快樂。失去人才會讓任何一間公司蒙受龐大的金錢損失，特別是砸下了大筆投資在員工教育訓練的。於是提升員工的感受度開始成為越來越多公司的優先考量，薪水不再是那麼有說服力的誘餌。員工的福祉能吸引和留住有才能的員工，讓他們感到快樂能提升他們的工作效率——根據好幾份研究顯示，尤其是需要創意的部門，或者重視公關的部門。

不幸的是，這樣針對員工福祉的設想才剛剛開始萌芽，儘管方向是對的，仍花太多力氣在太過表面的東西，比如投注休憩區和舉辦派對，在休閒娛樂室設置桌上足球台和撞球桌，或者開冥想課程。正如我說過，這些決定的方向是好的，但是無法大幅度提升員工的福祉。

即使在辦公室內設冥想室，但是放鬆時間後的會議中，不做事的同事搶走主管所有的稱讚，那麼也是沒有用的。即使設有健身房，每當分發任務中最乏味的工作，往往落在搶不到有趣工作的員工身上，那也是沒用的。所有這些問題，真的增加了全歐洲人口的壓力和焦慮，而且有一個非常重要的共通點：公平。所以，要知道這些問題會不會傷害福祉，只要參考員工的回答，看他們在工作上開不開心。我們能做的，不是像瞎子摸象胡亂猜測，而是請他們匿名回答有哪些該改進的地方，即使我們不喜歡他們的答案，也要拿出勇氣面對。

183

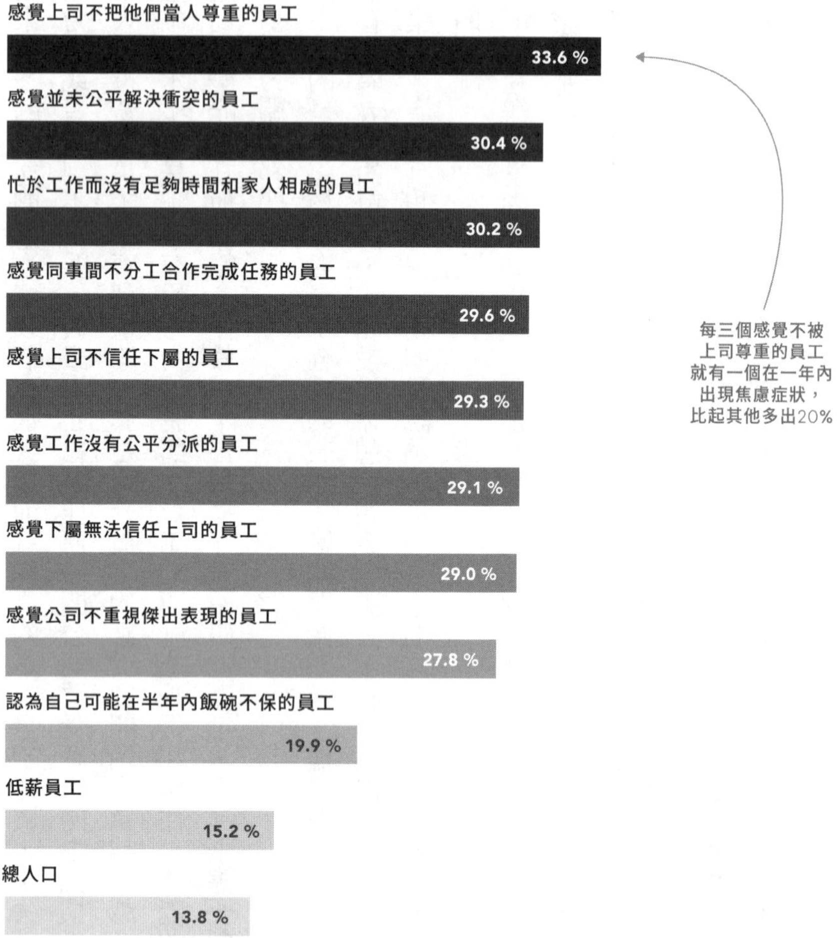

感覺上司不把他們當人尊重的員工
33.6 %

感覺並未公平解決衝突的員工
30.4 %

忙於工作而沒有足夠時間和家人相處的員工
30.2 %

感覺同事間不分工合作完成任務的員工
29.6 %

感覺上司不信任下屬的員工
29.3 %

感覺工作沒有公平分派的員工
29.1 %

感覺下屬無法信任上司的員工
29.0 %

感覺公司不重視傑出表現的員工
27.8 %

認為自己可能在半年內飯碗不保的員工
19.9 %

低薪員工
15.2 %

總人口
13.8 %

每三個感覺不被上司尊重的員工就有一個在一年內出現焦慮症狀，比起其他多出20%

圖 30：認為自己在最近一年內受焦慮困擾的員工比例

出自歐洲工作條件調查（European working conditions survey）資料，一共有三萬八千七百九十八個回答。本圖採用多元線性回歸分析，以員工的國家、性別、年紀和職位作為控制變數。

在圖30，我採用在全歐洲大約三萬八千個匿名訪談，列出員工認為焦慮在一年內傷害他們健康的情況。儘管這不是一個診斷焦慮的醫療工具，但能讓我們清楚看到，如果真想認真看待員工的福祉，應該改善哪些地方：

這可以在圖中，看到倒數第二群人剛好高於總人口（最下面）焦慮程度平均值，他們是一群較低薪的員工（也就是每個國家最貧窮的25%人口）。在這群人當中有15.18%的人說他們在最近一年內感到焦慮。

剛好在他們之上的是害怕半年內可能丟掉工作的人；在這群人中又有19.91%的人在最近一年內飽受焦慮折磨。此外，認為衝突並未公平解決的員工（上面數來第二群人）中，有30.38%的人表示自己有焦慮症狀，足足是總人口的一倍。與此同時，感覺工作沒有公平分派的員工（上面數來第六群人）有29.11%感到焦慮。如同我在前面指出，這是因為在不公平的環境中，感到自己有用和被感到利用的人之間存在落差。

總之，工作環境和薪資的不穩定是最為急迫的問題，這些似乎和不公平、和周圍的人發生衝突、在團體內的地位、受到肯定、缺乏信任，或是分工合作有關。有趣的是，解決這些大多數問題不需要提撥預算，不會因而降低員工生產力，只要對各個團隊公平和較人性化對待，就能減輕公司內部的焦慮。

赫勒・福爾登（Helle Folden）、賈斯伯・卡勒（Jesper Karle）、拉斯・艾克朗（Lars

Åkerlund)是一個精神科醫師和心理醫師的丹麥團隊,他們了解第一手職場不公平對待員工可能引起壓力的影響。簡而言之,賈斯伯・卡勒協助我們在學院完成幾個計畫案,教員工幾個關於如何察覺自身和同事出現壓力症狀的技巧,以便能早日解決。他在著作《等明天再說》(I'll do it tomorrow)和同事一起舉了幾個相當有趣的例子,解釋職場不公如何影響我們在工作上的福祉:

當我們談到公平與職場,通常得要了解員工和上司之間的關係。員工之間經常抱怨像「我的上司老是誇獎我同事的工作,對我視若無睹,實在不公平」;或者「每次都是我值禮拜五的班,實在不公平」之類的話。

很多主管沒注意到許多員工出現壓力症狀,基本上是自覺受到不公平對待。當一個員工說出他無法忍受某件事,或許跟工作本身無關,而是跟他認為工作分派不公有關。

今日我們知道,當一個員工感到他在工作上遭到不公平對待,可能會引起嚴重後果。這一點可以從二〇〇七年到二〇〇九年之間的一份在阿爾路斯所作的研究得到清楚的證實,受訪對象則是來自公共部門一共四千五百位員工。研究中提到的身體不適是壓力引起的,比如沮喪或焦慮,特別明顯的是感覺自己遭到上司不公平對待的員工。

許多其他的研究也證實了感覺被不公平對待和我們的福祉之間的關聯性。譬如在一九九〇年倫敦，進行了一份有多少比率的員工自覺在辦公室遭不公平對待的調查。在調查進行期間（五年），一共六千一百二十八名員工參與，其中兩百五十位受訪者曾罹患心肌梗塞。這些人大多數自覺在公司的部門中沒遭到公平對待。總之，這一群人比其他人高出140%罹患心肌梗塞的可能性，即使他們和同事都有一樣的膽固醇值、體脂肪、血壓、抽菸和喝酒習慣，或者體能活動。在另一份二〇〇三年的研究中，測量了有好幾位上司的員工的血壓，發現血壓值和當天是誰監視他們工作有關聯：當出現的是他們認為做事不公的上司，血壓就會比較高。

我們很多人都有過這種經驗：我工作一直很順利，直到有一天我們發現同事雖然比我們晚進公司，卻領比較高的薪水。從這一刻開始，我們那股勤奮工作的熱情，化為一種心生不公的執著，一股無法原諒我們被欺騙的感覺油然而生。想要快樂，只要別去調查其他人的薪水即可：如果你很滿意目前的工作，為什麼要讓自己無法工作下去。但是，我們都知道一切不是這樣運轉的，儘管我們人生一帆風順，但當我們感到自己被利用，就毀了平靜的生活。連我們的近親猴子都無法容忍不公平的狀況──甚至比飢餓更難忍受。因此，在一項非常有趣的實驗中發現，當猴子和同伴做一樣的工作，卻得到比較少的小黃瓜，會氣呼呼的把食物扔到照顧者臉上。這是合乎邏輯的狀況，因為如果我們是純粹的唯物派分子，可能就會接受薪水（或小黃瓜），不去看其他人領到多少；可

是我們身為社交動物，我們想解渴——雖然讓我們不快樂，但會願意在觀光城市付出天價買一瓶水。

因此，乍看之下，我們生活中壓力的最主要來源並不一定來自不公平，但是一旦仔細注意，就會發現在我們大多數煩惱的背後，其實是不公平讓我們難以成眠。當我寫下這一章時，其實經歷了相同的困擾。那時我苦苦等待了二十二天租車公司退給我上個月的押金，大約兩百六十歐元。我寫信給他們好幾次，等到的卻是他們再三拖延、延遲回覆，差點把我逼瘋。這件事讓我無法好好睡覺，因為我感覺他們會占人便宜。我打從心裡覺得，我在這件事所受的壓力，深深傷害我的快樂，無法用兩百六十歐元欠款所能買到的東西彌補，但是我就是無法放下這件事直到完全解決。這就是不公平對我們生活的影響。

然而，儘管舉了這些例子，我還是不希望大家以為，不公平是造成職場上不滿的唯一原因。還有更多其他因素，而且每間公司應該設法投入資源去找出來。但是我要說清楚，員工的問題遠比一份薪水或被郵件塞爆的電子信箱還要複雜許多。我們從福祉評估的結果學到，當員工在禮拜五晚上加班，如果身邊有工作團隊一起奮鬥完成工作，他會感覺到更有動力。同時間，即使放另一名員工長假，也無法減輕他幾個禮拜以來的憂心忡忡。用什麼辦法解決和工作有關的焦慮需要小心研究，因此，除了投下無法估計的資

源在一些當前流行的少數方法外，還要多花點心力。福爾登、卡勒和艾克朗清楚解釋，如果不徹底剷除公司內部問題的主要來源，即使讓員工因為壓力請假，也只可能是治標不治本：

瑪麗，五十九歲，擔任清潔婦好幾年。儘管她是有兩個孩子的單親媽媽，也很少請病假不上班。但是在最近幾個月，她開始在晚上睡不好。

瑪麗的上司換了人，同時也來了一位比她年輕的新同事。她的新上司第一次擔任管理職，因為毫無經驗，瑪麗和她的上司溝通困難，她也和新同事有同樣的問題。但是這位女同事似乎和新上司溝通無礙，讓瑪麗感覺被排除在外。

在過去，瑪麗的工作成效是半年評估一次，但是自從新上司上任，改成每個月一次。事實上，她總是詳細檢查瑪麗的工作，確認瑪麗打掃過的地方都乾淨，於是瑪麗對自己的工作結果越來越沒那麼自信。她對於時時刻刻的檢查感到沒安全感，感到一直被評分，無法信任上司。同時，她注意到新同事卻不像她這麼頻繁被檢視，她感到相當驚訝，因為新同事很明顯的就是並沒有把事情做好。瑪麗感到工作上面臨的新狀況就是不公平。

一段時間過後，瑪麗的上司把她叫進辦公室，討論如何改善她的工作效率。瑪麗不知道該說什麼，忍不住哭得唏哩嘩啦。她的上司認為她最好放個幾天假，她照做，但是幾天過後並沒有感到好轉，而是相反。最後她以憂鬱為由請了長假。醫生說，瑪麗陷入

189

憂鬱，原是來自她在工作上的遭遇。

瑪麗和所有其他員工，都有責任通知上司這類所遭受的不公平狀況，但是若是無法推展這種文化，就不可能改善；以及如果上司不夠細心，即使發現事情不對勁，也無法採取行動處理正在發生的事。瑪麗最後罹患憂鬱症，但是第一次受到不公平對待後的警訊在更早之前已經出現，比如難以集中精神、無法睡覺、過度擔憂，而且她自覺被排除在上司和新同事的小圈子外。她的情形變成憂鬱症，是因為過了一段時間都沒採取辦法，任由症狀繼續惡化。

我們的社會不論再怎麼進步，公司再怎麼創造更多工作，只要這類情形繼續發生，人口就會持續面對這種壓力慢性病。我們需要在考量成本效益外，改變評估進步的方式。經濟的措施和福祉的策略不是敵對的，而是要手牽手共同前進。如果要公司行號的員工終於可以快樂，我們應該要促成分派工作和獎賞的公平性，這是需要團隊之間透明化，溝通暢通無礙，上司和領導高層都要有意識做到公平對待。這一點不需要特別投下資源，只要簡單的改變公司文化。

不幸的是，我們的社會長久以來都走在反方向的路上。理查・威金森（Richard Wilkinson）是我在因緣際會下遇見的流行病學家，當時我正在研究不公平情形對心理健康的影響，而結論和以下相當有關係：「不公平是我們時代的一大惡疾。」威金森是研

究人口的病因和健康的流行病學家，尤其專注在富裕國家人口因為特定社會因素而增加的心理問題、濫用藥物、壓力或是飲食失調。

威金森發現有一個關鍵因素串接了所有的問題，那就是經濟不平等。他的研究顯示，衡量不平等的指標，如吉尼係數呈現多種社會因素巨大的相關性，像是信任、霸凌，甚至是人口的福祉。有趣的是，一個國家的財富不是絕對和這些因素有關。換句話說，這位流行病學家發現社會不平等現象嚴重的國家，比起財富平均分配的窮國，有比較多的社會問題。芬蘭就是一個絕佳例子，這個國家沒有美國那麼富裕，然而對於生活滿意度較高。

根據威金森指出，導致不平等的原因，對我們的福祉有相當大的影響，在不平等的社會，階層相當分明，因而刺激競爭性。這種競爭性助長了一種非常特別的消費行為，目的是為了凸顯自己與眾不同。這一切進而傷害了我們談過的社會人際自尊，因而引起壓力和焦慮。所有這些因素影響了心理健康，激起一種人們感到不公平的不舒服感覺，尤其是那些就算再怎麼努力也無法脫貧的人。

他指出要改善不平等現象，我們可以採用幾個簡單的方法。一方面，建立公司員工能升上領導階層的機制。另一方面，增加公司內部決策的民主步驟。另外也有必要杜絕逃稅，剷除洗錢天堂。最後，採用累進稅。總之，關於最後這一點，西班牙在近幾年一直寸步難行，如果我們希望國家成為真正的福祉國，勢必要改變這種現狀。當不平等現

191

象在世界上大多數的已開發國家出現增加現象，也發生經濟的進步擾亂心靈平靜，就會引起壓力上升和心理健康問題。

至於不平等和不公平現象，每年聯合國都會發表「世界快樂報告」（World Happiness Report），其中有六個最能解釋所分析的一百五十個國家之間的快樂的差異處，貪腐是其中最重要的一點。這份報告對於貪腐提出兩大問題：「你認為貪腐在你的國家政府機關是普遍現象嗎？」以及「你認為貪腐在你的國家的企業機構是普遍的現象嗎？」在西班牙，二○一八年有78%的人給予兩個問題肯定回覆；在丹麥，有15%。根據報告的總結，這是西班牙為什麼在最幸福國家中落在第三十六名的位置，而丹麥在第三名。如果我們能比照丹麥，降低政府企業的貪腐情形，或許不用提高國內生產毛額數值，就能進入最快樂國家的前十名。

熬到上司下班

不公平現象這一點，讓我們接觸到如何在群體內好好相處這件重要的事：互相信任。不難想像不公平和信任之間錯綜複雜的關聯性。如果我信任租車公司認真做事，或許就能省去好幾天擔心他們沒收押金的壓力。不管他們有什麼意圖，我的不信任在這整個過程扮演重要角色。這說明了不公平的感覺不只來自他人的意圖，也和我們是否能信任他

192

我查遍資料庫，發現最快樂的人幾乎是那些說自己信任他人的人。在比較各國，也發現是同樣的情況。全世界最快樂的社會，也就是北歐各國，正是有很多數量的人信誓旦旦他們信任自己的公司、對面的鄰居、和他們的上司等等。在丹麥，每八個人就有五個人肯定地說，其他人都是可靠的，但在西班牙這個比例卻下降到每八個只有兩個。來看一個絕佳例子，當遊客來到哥本哈根，會驚訝看到一排排嬰兒車停放在商店和酒吧櫥窗前，寶寶在車上酣睡，他們的父母卻在建築物內吃飯或購物。因此不難看到他們內心的平靜值之高，當社會上的人們這麼信任左鄰右舍，放心把寶寶放在街上，不害怕發生任何意外，實在應該珍惜。

信任他人是我們福祉的關鍵，但是或許很難理解為什麼深深影響我們。如果我和家人、朋友和同事和睦相處，那麼其他人值不值得信任與我何干？其實這事關緊要，因為我們是一個相互依賴的社會。比如，我們每天搭交通工具，等於把自己的生命交付在他人手中，相信他們不會開往反方向，或我們相信鄰居會關好瓦斯，或駕駛員會遵守飛航規則，或廚師不會對餐點動手腳，或托兒所人員會好好照顧孩子。我們是這麼倚賴其他人，如果無法信任他們，我們將會活在不斷的焦慮中。除了這幾個例子外，信任他人也影響一個國家的效率，人民如果懷疑自己的政府機關，其中一個自然反應會設法逃稅，影響許多人的福祉。

但是在職場上信任他人非常重要。我們之間提到的不平等現象是清楚例子。如果一間公司的員工無法信任同事和上司，他們會很容易以為請壓力假其實是不用工作的好藉口，或他們可能懷疑薪水給付不均，儘管他們不知道同事領多少。如果這是一個工作環境的情形，那麼很可能所有員工最後都會變成盡量少做事，造成一種有害公司生產力和瓦解團隊合作的敵對氣氛。總之，信任的環境在一個快樂的公司和一間有上司與下屬持續對立的公司有顯著的差別。

遠距工作可以拿來作為絕佳例子。在第一波新冠疫情後的幾個月，我很多在西班牙的朋友說，他們在上司的強烈要求下不得不返回公司，當時的傳染率還非常高，而且他們也能在家把工作做好。這個決定應該來自於他們的上司認為，下屬沒有他的監督不能好好工作。與此同時，在丹麥遠距工作是一種常見的選擇，因為上司信任下屬。早在疫情禁閉期間之前，我每個禮拜就有兩到三天時間，在哥本哈根各處的咖啡館工作，過了這麼久之後依然這麼工作，沒有人會時時刻刻監督我是否真的在工作。這一點顯然會影響員工的福祉。

我們可以回想造成員工焦慮因素的圖，第三個重要原因是無法和家人相處。那麼，這個原因就直接和我們說的對員工信任有關。如果有必要，我們可以請兩個小時假接小孩，我們可以偶爾在家工作，自由安排一日工作時程，以配合家庭作息……所有這些調整，都能讓員工在工作時發揮最大效率，在適當時間和家人相處。要給員工工作上的最

194

大彈性，並不需要減少他們的工作天數或雇用更多人，很簡單的是只要信任他們。當我們獲得信任，我們不只能降低焦慮，也能提高自尊心，更有動力努力工作，以證明我們是值得被信任的。

在南歐國家，普遍缺乏信任，導致這些國家的員工，比如西班牙，變得習慣待在座位上熬到上司下班，儘管已經無事可做。這個現象司空見慣，因為員工勤奮的表現依然是以待在辦公室的時數為評量，而不是有沒有完成工作目標。這對員工、公司生產力，甚至是主管來說有深深的負面影響，因為當經理無法信任員工，就無法離開辦公室，連度假都會隨時牽掛下屬是不是趁他不在偷懶。沒有人得到好處。

新冠肺炎疫情引起公開辯論日常生活彈性的重要性，但是在很多國家還有很長一段路要走。以西班牙為例，有 18.3% 的員工說，他們因為工作無法擁有和家人共聚的時光（歐洲的平均比例是 12.6%）。在下一頁圖 31，可以看到西班牙相較其他國家的情況：

各位可以看到，在西班牙、塞爾維亞、土耳其或蒙特內哥羅，員工沒有空閒時間的比例介於 18% 到 24% 之間，而在立陶宛、挪威或丹麥的比例是在 4% 到 6% 之間，落差相當大。將引起這個比例的員工焦慮的因素綜合在一起，我們可以推估，二○一九年在西班牙如果能讓大約五十萬九千名勞工擁有家庭時光，那麼他們就可以免受焦慮困擾，西班牙的經濟體系效率低落，在這裡有很高比例需要找工作的人口，也有 18.3% 想減少

工作量卻辦不到的人口。我們可以看到，改善勞動人口的生活品質，不需要從經濟面大刀闊斧改革。所需要的僅僅是改變心態。

員工回答「不怎麼好／完全不好」的比例

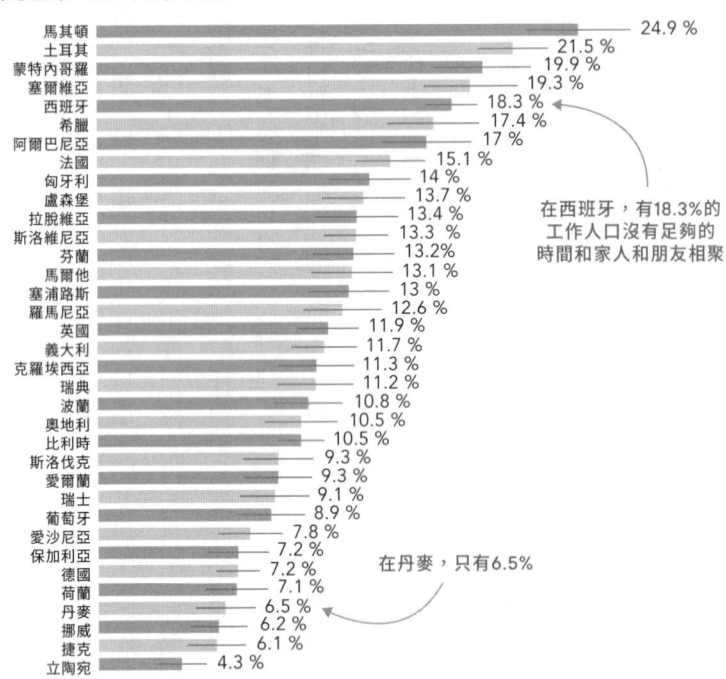

國家	比例
馬其頓	24.9 %
土耳其	21.5 %
蒙特內哥羅	19.9 %
塞爾維亞	19.3 %
西班牙	18.3 %
希臘	17.4 %
阿爾巴尼亞	17 %
法國	15.1 %
匈牙利	14 %
盧森堡	13.7 %
拉脫維亞	13.4 %
斯洛維尼亞	13.3 %
芬蘭	13.2 %
馬爾他	13.1 %
塞浦路斯	13 %
羅馬尼亞	12.6 %
英國	11.9 %
義大利	11.7 %
克羅埃西亞	11.3 %
瑞典	11.2 %
波蘭	10.8 %
奧地利	10.5 %
比利時	10.5 %
斯洛伐克	9.3 %
愛爾蘭	9.3 %
瑞士	9.1 %
葡萄牙	8.9 %
愛沙尼亞	7.8 %
保加利亞	7.2 %
德國	7.2 %
荷蘭	7.1 %
丹麥	6.5 %
挪威	6.2 %
捷克	6.1 %
立陶宛	4.3 %

在西班牙，有18.3%的工作人口沒有足夠的時間和家人和朋友相聚

在丹麥，只有6.5%

圖 31：你大致上會怎麼分配你的工作時間和配合社會與家庭責任？

出自歐洲工作條件調查（European working conditions survey）資料，一共四萬三千一百三十一個回答。

是我們不夠信任他人？還是他們真的無法被信任？

當我們的工作成果，是像賣馬鈴薯那樣秤斤論兩，檢視效益就很簡單，但越來越不可能在每張工作合約上註明一條條的要求，或評估他們對任務的努力和創意。工作的界線越來越模糊，因此在許多國家員工被迫長時間待在辦公桌前。「如果我不能控制你是否在工作，至少能控制你在幾點進來和幾點離開辦公室。」我們應該要接受我們需要信任員工，把他們綁在座位上對大家都有害。從護士對病人的人道關懷，到教授教導學生價值觀，或者服務生親切招待客人，種種在社會上完成的工作，越來越要求在雇主和員工之間達到「默示合約」，那就是雙方都願意信任彼此。我們勢必要信任，沒有其他辦法。

但是員工為了得到雇主信任，就要拿出負責的態度等等。如果他們能在家裡工作，最後卻被發現什麼都沒做，那麼就可能傷害信任關係，或許無法挽回。要摧毀信任很簡單，要修補卻難以做到，與此同時也波及大家的福祉。如果走到這一步，自然會問，我們無法信任其他人，到底是因為他們不能被信任，還是我們做不到信任。答案似乎是兩個都沒錯。

在眾多我們是否能信任他人的實驗中，我最喜歡的是一個針對四十個國家的大規模研究，在調查中在三百五十五座城市的街道上「故意遺失」超過十萬七千個皮夾。這個

197

實驗的目的在於調查有多少比例的市民會撿起來送交警察，以及多少比例會占為己有。為了再增加複雜度，皮夾共分為兩種，其中一種只有一支鑰匙和幾張主人的卡片，另一種還有一筆錢（相當於每個國家十三塊歐元）。在西班牙，大概有50%的空皮夾和60%有錢皮夾送交警察局；在丹麥，將近70%的空皮夾和80%有錢皮夾被送回。這些百分比數字並沒有搞錯，在每個國家，歸還有錢的皮夾比空皮夾還多，這或許是因為人們對於撿到有錢的皮夾，會特別意識到接下來沒做的步驟。因此，乍看結果，我們可以說西班牙有半數人口在四下無人時很自私，或者換句話說，有50%的機會猜中你心懷回測。這種不信任有其道理，但是我們不要忘記還有很多人會關心他人，即便在沒人看到的時刻。這應該是正常現象。

令人好奇的是，在這份研究當中，歸還皮夾給警察較多的國家，有比較多人說自己對生活很滿意：丹麥、挪威、荷蘭等等；在這些國家，居民會把電腦留在露天咖啡座，再進去館內點餐或去街上停腳踏車，也不怕被偷。我們說過，最快樂的國家的居民比較信任他人。事實上，二○二○年的「世界快樂報告」（World Happiness Report）指出，在這些國家感染新冠肺炎的比例比其他國家少。原因就是，在一個大家互相信任的地方，他們都會徹底遵守防止病毒擴散的規則，大家團結一致對抗，找出該為情況負責的人。

所以，如果在西班牙有50%的人會把皮夾交還給警察，這也意謂不是整個社會都是自私分子。或許我們因為習慣往壞的方面思考，最終造成不能信任別人，而我們其實不

該這麼做。不論如何,如果想扭轉這種想法,我們應該開始改變自己對他人的揣測,就算沒人看到,也要看向社會良善的那一面。這乍看似乎是很簡單的一件事,事實上卻是一份社會責任,相當倚賴我們重新檢視自己的過往經驗。經濟學家內森・納恩(Nathan Numn)和倫納德・萬切肯(Leonard Wantchekon)做了一個實驗,他們兩人研究在非洲不信任感的原因,所依據的前提是,當一個國家的歷史充滿紛亂,可能會加深人民的不信任感,甚至延伸好幾個世代。這個大陸在奴隸買賣最猖狂的時代,個人隨時可能遭朋友和家人背叛,被當作奴隸賣掉。兩位學者假設,這個高度不信任他人的環境,經過一代代的變化,到了奴隸制度結束的一百年後的現代會有所不同。所以,在那個奴隸販賣猖狂的時代的人,對其他人應該是不太能夠信任的。他們的假設經過資料肯定:生活在艱困的環境,有相當高比例的人不信任自己的鄰居、家人,和當地的政府。其他類似的研究,也在蘇聯的史達林時代勞改營、集中營附近地區,得到相同的結果:鄰近地區的居民比較無法信任他們的鄰居,彷彿這些地方的悲慘過往依然留下看不見的裂痕。這也許就能解釋,為什麼西班牙社會還保有對他人無法那麼信任,原因來自內戰期間,不同黨派的左鄰右舍可能互相揭發,導致致命的下場。有一天,西班牙勢必得剷除這段過往。

每戶人家隱藏的不幸

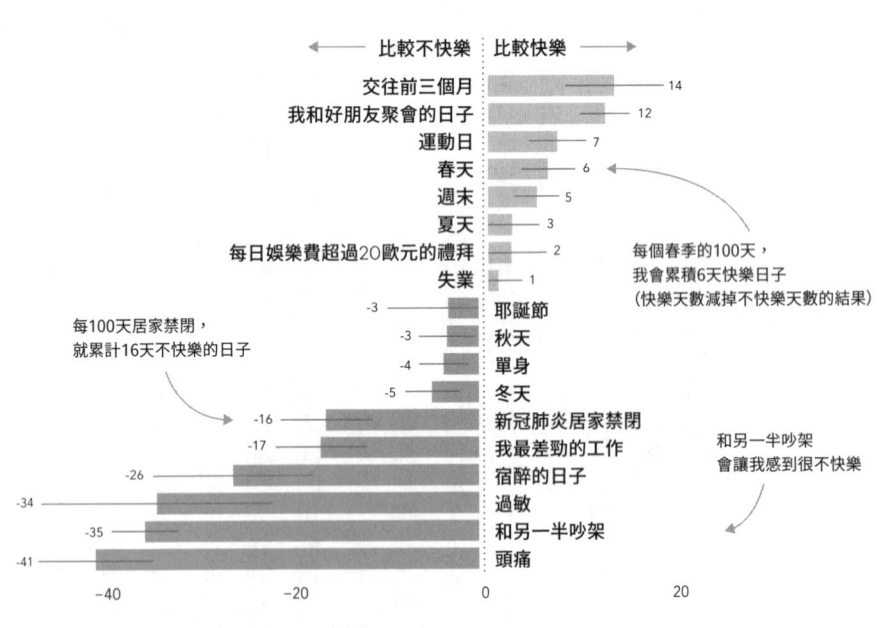

到這裡為止，我們分析了勞工的焦慮。正如我們說過的，工作是這個年齡層的不快樂最大來源之一。現在我們要聚焦在另一個我們生活中最常面對焦慮的環境。如果提早下班，回到家卻得面對跟另一半的問題，不管是打掃、吃醋、冷漠，或者是任何夫妻之間會吵架的問題，那麼也沒有用。

夫妻之間的爭吵，是我們社會中消耗最多社會和私人資源的因素之一，也是對個人而言，最沉重的壓力來源。美國國家衛生研究院國家心理健康研究所（NIMH）的一份報告早在一九九三年針對預防心理疾病指

情境	快樂值
交往前三個月	14
我和好朋友聚會的日子	12
運動日	7
春天	6
週末	5
夏天	3
每日娛樂費超過20歐元的禮拜	2
失業	1
耶誕節	-3
秋天	-3
單身	-4
冬天	-5
新冠肺炎居家禁閉	-16
我最差勁的工作	-17
宿醉的日子	-26
過敏	-34
和另一半吵架	-35
頭痛	-41

每個春季的100天，我會累積6天快樂日子（快樂天數減掉不快樂天數的結果）

每100天居家禁閉，就累計16天不快樂的日子

和另一半吵架會讓我感到很不快樂

圖32：不同情境對我的快樂的影響

出，分崩離析的夫妻關係，可能增加罹患某些精神疾病的風險，在許多案例甚至對子女福祉造成長期有害的影響。任何有寫日記習慣的人，都知道上面記載的最黑暗的頁面，往往和夫妻之間的爭吵有關。以我為例，日記共有五百九十一天打上超過六分以上的快樂分數，有一百二十八天含有我太太的名字。其中九十二天，我寫上「戀愛」，六十六天寫有「她」。愛一個人是我生活中最大的快樂來源之一，但是最低落的時刻也跟我與另一半之間的吵架有關。我替五百七十八天打上少於四分，其中一百六十二天我敘述自己「發飆」，一百四十三天出現「她」這個字眼。發飆是一種絕對只在我跟另一半吵架時才會出現的情緒。上頁圖32是我的人生在不同時期和環境，快樂天數和不快樂天數的總和，可以看到每一百天我和另一半吵架的日子中，有三十五天過得很不快樂，占我所有日記中最高比例的單一原因，只低於頭痛：

戀愛和失戀對我的快樂影響很大，由此只要觀察我的快樂的分布，就能知道我在哪個時期有女朋友，以及在哪個時期恢復單身。換句話說，在交往時期的快樂是高低起伏的（統計學術語稱作標準差）。

雨果・海伊耶是我在本書簡介時提過的荷蘭朋友，他花七年記錄自己的快樂的因素，得到和我相同的結論。在我們最近一次聊天中，我問他哪一個是最主要影響他的快樂的因素，而毫無疑問排名第一的就是伴侶關係，不管是好的還是壞的。他在他的部落格「追尋快

樂的蹤跡」（Tracking Happiness）談到他所稱的「交往關係地獄」（Relationship hell），在他和女朋友不斷爭吵的時期，烙印了他從寫日記開始的最不幸日子。這種人際關係對我們的社會衝擊至深，除了我們的快樂以外，更影響了我們子女的幸福。但從每年離婚率的統計資料，以及從周遭揭露的家暴案件來看，大致上，我們只知道影響的冰山一角。我們應該投入更多資源揭開這個問題的真正範圍。

夫妻之間的衝突，不僅僅影響我們的福祉，更清楚揭示對人口健康的風險。我印象最深刻的相關研究調查，是一份在舊金山由心理學家約翰・高特曼（John Gottman）長達二十年完成的長期研究，他是專攻伴侶起伏關係的最著名專家之一。這個研究的目的不是著墨在健康，而是伴侶之間的衝突種類和長時間下來的變化，但有趣的是，在這個實驗進行途中，研究員觀察到許多伴侶不再回覆他們的追蹤電話，此外，放棄實驗的大多數伴侶是那些曾在追蹤過程中表示兩人的吵架已經到覆水難收地步的人。一開始，研究員以為這些參加者只是失去興趣，但一仔細調查，他們發現有很高比例的伴侶放棄實驗的理由，是兩人中的其中一人過世，一般而言是男性。那些屬於高特曼稱為零吵架紀錄的伴侶，也就是那些兩人當中只有單方從吵架結果得到好處的伴侶，有58%的男性在實驗結束前就走到生命終點。然而，若是吵架結果是兩人都得到好處（兩人對解決辦法都滿意），只有20%的男性死亡。這個統計上的落差相當顯著，很有可能是心理效應引起，因為和另一半的吵架壓力和焦慮影響了新陳代謝。

202

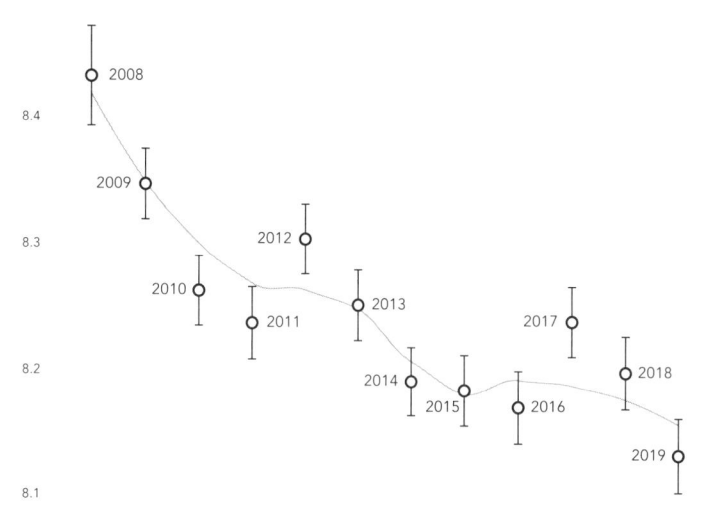

圖33：從二〇〇八年到二〇一九年對另一半的滿意度

資料取自社會科學縱向網路研究機構：從二〇〇八年到二〇一九年一共五萬三千三百零一個回答：「你對現在伴侶的滿意度如何？」從零分（完全不滿意）到十分（完全滿意）。根據年齡和性別調整。

能輕易放下一段有毒的伴侶關係，是我們社會一項相當成功的成果。史上一連串相當正面的進步，像是女性進入勞動市場，或廣泛使用避孕方法也都是。然而，我們試著在這裡探討的問題不是離婚，而是促使伴侶失去一開始交往時的美好想像，以及點燃離婚導火線的爭吵。我們所掌握的統計資料，只是我們所講的「每扇關起來的門」裡面的冰山一角，藏在水面底下的深不可測：這種爭吵會影響子女的發展和他們未來的伴侶關係、心理暴力、孤獨感、空虛感……我們手上的統計資料不多，無法概括整個事件的全貌。事實

據我所知，在德國整個趨向從二〇〇九年到二〇一四年是下降的，根據德國家庭事務委員會的資料顯示，接下來處在平穩狀態。

從這些資料，可以清楚知道應該要關注福祉的真正狀態，降低離婚率，以及盡可能讓家暴事件成為過往雲煙。但是伴侶之間吵架的問題，讓我們看到了一個重要的哲理問題，有關我們到目前為止還沒談到的社會福祉，但現在或許是談一談的好時機。當我們審視關於福祉或自身生活的資料，會馬上發現除了讓我們快樂的事物，我們每天還作了一些錯誤決定，不只有關愛情，也包括其他許多事。我們選擇吃水果和做運動會比較健康，如果願意去做，還有其他能提升生活滿意度的東西。問題在於，我們同樣也有權利亂吃，也能不受國家干擾選擇過得不快樂。沒錯，伴侶之間的爭吵，是要付出巨大社會成本的問題，但是屬於私人層面，而且是我們自己選擇作出錯誤決定。這讓我們慎重思考有關快樂科學，和我們的行動力和

上，在本書的所有章節中，這一章是最難以完成的，因為缺乏相關的可信資料而難以充分理解。在歐洲，僅有兩個以系統性方式和國別分析起伏的夫妻關係的資料庫，分別是德國家庭事務委員會（Pairfam）和荷蘭非營利社會科學縱向網路研究機構。根據後者指出，我們對另一半的滿意度從二〇〇八年到二〇一九年不斷下降，我們可以從上一頁圖33，觀察到根據超過五萬三千對伴侶的回答：「你對現在伴侶的滿意度如何？」

204

社會的執行力,我們國家什麼時候會為了提升人民的福祉,而介入他們的生活?

第一眼看,答案似乎很明顯:國家不該介入我們的生活。但實際上,事情比乍看還要複雜。譬如,健康問題不只是個人咎由自取的結果,而是牽扯不照顧自己造成耗費大量醫療資源,伴侶關係也不只影響福祉。譬如,當離婚時有小孩,能怎麼做?遇到家暴該怎麼辦?應該怎麼預防這些問題,卻又不會過度干擾人們的私人生活?難道像個個家長介入,教育伴侶之間如何維持比較健康的關係?

在丹麥,這幾個問題都在二〇一九年的國內辯論會提出,結果公布了一個引起爭議但值得探討的方法。二〇一八年,在丹麥有一萬五千人離婚,其中一半都在同一年再婚了。很久以來,離婚在丹麥就像上網填表格那樣輕而易舉。但在二〇一九年四月,政府頒布了一套方法,迫使夫妻兩人需要先等三個月再確定最後是否分手的決定。在這三個月期間,雙方不只被迫各自單獨思索他們的決定,還被要求去上一系列幫助人們處理自身狀況的免費課程。課堂上,他們能學到當另一半生氣時該如何反應,掌控他們的焦慮,或者改善他們的溝通;與此同時,還告誡他們在離婚時,要特別注意子女的情緒,並學會控制怒氣。

哥本哈根大學心理學博士兼助理教授葛特・馬丁・哈爾德(Gert Martin Hald)參與這套課程的編制,他指出這個辦法真的有用,「一年過後,許多對夫妻相處的模樣,好似從來沒動過離婚念頭。」這不只是一個評論,而是經過嚴謹的分析過後的結果,課程

205

透過丹麥政府部門（DSA）協助隨機試辦，看是否改善夫妻的福祉。這個試辦中，一共一千八百五十六人分為兩組，一組上課，另一組不上課。在決定離婚後，兩組在三個月、六個月和十二個月後會收到問卷調查，分析他們的沮喪和焦慮症狀、請壓力假的天數等等。比起沒上課的人，上完課的人所有的病因都在一年內獲得大幅度改善。總之，一年後上課的人比沒上課的人少請了五天半病假。丹麥科威顧問公司（COWI）從完成的後續研究得出這套課程總共替每個人省下大約五千七百歐元。

儘管成效不錯，這條法規卻在二〇二〇年喊停，離婚又回到只要填表格那樣簡單輕鬆的事。

你也許知道我發生什麼事

寫像我這種日記的其中一大好處，是可以重溫和思索交往時刻的感覺，就算你已不在乎那段往事，還是可以觀察從那之後的事情有什麼改變。一再重讀當時和交往對象吵架的理由，我的結論是事情並未改變太多。我對第一任女友生氣的理由，一樣發生在第二任身上，甚至是第三任。這讓我了解，我以為所有的爭吵問題都來自歷任女友的個性，事實上卻是某種來自我內心的因素，準確說來，就是我無法坦白告訴她們，我對她們哪一點感冒，沒讓她們意識到問題在於她們的個性，以及我對她們的某些批評失控。

206

檢視日記，我也觀察到我和她們爭吵的理由，和我跟家人吵架的理由如出一轍，這種相似不是巧合，因為我們需要感覺家人的肯定，正如同我們需要感到另一半的愛；因此，我們在原生家庭學會的溝通方式，長大後也用來和伴侶溝通。譬如，聽到不舒服的話，卻不想說清楚，也沒反駁，不想感覺自己受傷，導致許多家庭發生的大多數爭吵，最後都以絕口不提收場，採取逃避或漠視的態度，而即使不說，另一人最終還是會察覺事情不對勁。這也發生在我跟家人之間⋯

二〇一六年三月二十七日禮拜日。四分無加分無扣分。

我和家人大玩內疚遊戲，到底是什麼原因，我們不知道，因為我們只擺臭臉，卻不說清楚發生什麼事。

這會在很多家庭中製造很詭異的氣氛，我家就是，只要家中有人表情嚴肅，疏離其他家人，就會害大家開始緊張，以為是自己做錯什麼。我在原生家庭也學會這種態度，導致我長大後無法和女朋友好好相處⋯

207

二〇一七年六月十九日禮拜一。四分加一分無扣分。

我和蜜去散步，但我不想說話，結果兩人都特別安靜，我的表情就像發生什麼糟糕的事卻不想說，真覺得有點內疚。

伴侶關係為什麼屢屢觸礁，有許多相關研究，而且都肯定了我在日記發現的真相。

其中一份在荷蘭完成的研究，是調查一千七百人離婚的理由，他們發現最常見的是另一半變冷漠（78%），缺乏對方的關懷（74%），無法聊兩人想法的不同處（73%）。少數夫妻提到一人想打掃，另一半卻不配合（22%），其中一方不想生孩子（15%），或者外遇（37%）。最後幾個我們聽到離婚時首先想到的理由，事實上並不那麼常見。

另一份二〇一三年在美國丹佛完成的研究，也發現第三個最常見的離婚理由，是不斷的爭吵，和無法討論兩人意見不同的地方⋯

我吵架吵到心力交瘁。

我們聊到某件瑣事，卻變成大吵起來⋯⋯我們的爭吵從來沒改善，只是越來越糟。

208

另一份在英國的研究，針對剛離婚的七百零六名男性和一千兩百五十四名女性進行調查，發現分手的最主要理由也大同小異：疏離、吵架、缺乏尊重、不懂欣賞。清單很長。

各位看到，比起維持一段衝突不斷的關係，離婚有時對雙方的福祉都好，在大多數的離婚案例中，最初吵架的理由往往變成離婚導火線，但他們不是不願妥協彼此的不同或外遇，而是無法和另一半溝通，最後惡化到無法挽回的地步。總之，沒有人教過我們夫妻要如何溝通。從這些資料看來，社會重拾佛洛姆（Erich Fromm）早在一九五四年提出的觀點是重要的，也就是愛情是一門技術，正如同其他技術需要訓練。

因為某種原因，我們認為兒女要學幾何學和哲學，但是如何和另一半相處，卻沒有世代傳承。我記得自己是在十七歲那年思考這個問題。當時我每天花八個小時在課堂上學習用不上的東西，但是揮不去腦子裡真正影響我的快樂和專注力的東西，比如嫉妒、缺乏安全感，或者害怕失去女朋友⋯⋯我如果要心無旁騖在學業上的話，就要先有人告訴我怎麼解決我跟女朋友的問題。這一門學科不存在，但每個人都要獨自面對。

世代之間缺乏談話，讓我們的子女認識愛情的唯一管道——我們也是從這裡學起，是看理想化的電影和電視劇，或者聽朋友聊起，而大家的經驗一樣都不多。於是，不難理解我們在一開始的甜蜜期過後，得花上九牛二虎的力氣才能維持交往的關係。如果學校認為性教育是必要的，以避免各種性病或不小心懷孕，為什麼不好好重視兩性溝通和

和他人相處是一門困難的技術

自信心？

科技日新月異，分析伴侶如何幻滅和走向分手一途的科學已經非常進步，我想要談一談關於這個題材的一些較重要的發現。如同在本書的所有章節都會作比較，我們現在要釐清的是神仙眷侶和怨偶之間的差異，讓生活在水深火熱中的伴侶能引以為戒，學習如何寬待彼此。在這件事上，有個全世界知名的研究員，前所未有地揭露了這個問題：美國心理學家約翰・高特曼（John Gottman）。高特曼的看法之所以如此重要，是他在數十年間使用精密的科學工具分析了能夠和不能夠白頭偕老的婚姻生活。他所稱的愛情實驗室，是幾間公寓，裡頭裝設攝影機和麥克風，用以聆聽和謄寫伴侶間的每場對話和細微表情，還有評估他們在每場吵架的生理反應，包括心跳到流汗在內。這樣做的目的是要準確知道，夫妻的關係是在哪個時間點開始變質，或哪些看似無足輕重的話和動作維持了婚姻關係的穩固。

多虧這些工具，高特曼和他的團隊能確定，到底是哪些態度導致婚姻落得離婚收場，而不是幸福度日。經過多年分析影片的經驗，觀察幾百對的夫妻如何聊天氣，或抱怨缺乏性生活，他們能夠憑著短短幾分鐘的吵架方式，預測哪些夫妻會在接下來五年離婚，

而且準確率高達 90%。

這個有系統性的研究有一個有趣的結論，那就是 69% 的夫妻吵架問題從未得到解決。高特曼觀察到，如果夫妻之間從追蹤開始就有問題，在經過多年之後，同樣的問題依然是挑起他們吵架的導火線。完全沒有改善，是因為不想讓另一半稱心如意，因此沒有一方肯讓步。他的研究另一個有趣的結論，是快樂的夫妻其實也很常吵架，有時吵的次數比分手的夫妻還多。大致上，不同之處不是頻率，而是之前提過的，不論是在吵架時和之後，都要懂得尊重和愛。

他的觀察呼應了我們一開始所說：普遍認為，愛情會在靜待完美的靈魂伴侶到來的那一刻出現，然而這根本大錯特錯。因為一直枯等不到，很多人就以為在這個世界的任務是「修正」另一半的缺點，讓他們符合心中期待，這會嚴重傷害我們的婚姻關係。我們從「相處的科學」（ciencia de la convivencia）學到，神仙眷侶找到的不是自己的靈魂伴侶，也不是試圖改變對方，而是懂得「妥協」兩人的不同處。

按照高特曼的觀點，當他預測一對夫妻是否會在接下來幾年離婚，第一個信號是根據他所稱含有諷刺意味的「啟示錄四騎士」：批評、貶低、自衛，最後是固執已見。當我知道這四點之後，不禁鬆了一大口氣，因為我清楚看到我和女朋友的問題，絕大部分是可以修正的溝通問題，很多人也受同樣問題困擾。我想跟各位談一點這些問題，看看你是不是也深陷其中。

高特曼說，第一個騎士是批評。如果第一個騎士出現，表示夫妻其中一人表現出吵架不是因為討厭對方的某個行為，而是指戳他的個性缺點。批評沒有特定的用字遣詞，比如罵對方「自私」、「懶惰」或者「健忘」，而是可能來自最普通的話，像是「你從不關心我」、「你從不聽我說話」，或是一些提問如：「你到底有什麼問題？」一般而言，懂得溝通的夫妻不會質疑對方的個性。

如何能迴避使用批評性話語，高特曼給了幾個技巧，一開始使用或許覺得太做作，但是隨著內化，能帶來非常正面的效果。其中一個是講出內心的感受，而不是指戳對方行為有錯。多虧美國心理醫師漢恩‧吉諾特（Haim Ginott），大家都知道在爭吵時表達不同意見，最好使用「我」來取代「你」比較有效果：要說「我很寂寞」，而不是「你不關心我」，或者「我感覺被冷落」，而不是「你不聽我說話」。想要這麼說，需要努力練習內化，但我想這是能解決整天讓其他人在內疚中過日子的唯一辦法，因為我們其實需要的是他們的愛和關懷。

如果我們想對另一半表達寂寞，一定能找到適合自己的方法；然而，如果我們怪罪他從不體貼或從不聆聽，那麼我們就是在指戳他的個性有問題，反而毀掉改善的空間。我們的直覺反應往往是怪罪，因為感覺真正的問題是他們的行為，但是如果我們不想在吵架中度日，最好要阻止這種反應，用字遣詞千萬小心。根據高特曼蒐集的資料顯示，一般而言女人比男性更容易使用批評性語詞。

212

批評說出口之後，跟著而來的往往是第二名啟示錄騎士，也就是貶低。基本上，這是指一個人在心理層面感覺高他人一等。比如在爭吵時糾正對方語法錯誤，就是絕佳的貶低對方的例子，反而瞬間火上加油，讓劍拔弩張的局面惡化，實在沒有必要。不管是諷刺、傲慢、取笑、翻白眼，還是攻擊性的幽默⋯⋯都是常見的貶低行為。那些不會走到這一步的神仙眷侶所做的，是改變他們對另一人的心態，不要堅持對方應該改變，而是專注在一定都找得到的更正面部分。

不停的批評話語和輕視，很可能迫使夫妻其中一人採取自衛態度，也就是第三名騎士。當一個人經常感到被批評，最後可能會被迫採取兩種行動的其中一種：立刻反擊，完全不想花力氣釐清另一半為什麼心情不好（比如「你從不聽我說」、「你也很少關心我」），或者選擇自衛（「我當然會聽你說話，我一直都在聽啊」、「好，隨你怎麼說」）。懂得溝通的人不會採取這種自衛態度，而是會試著了解另一半的感受，或者他們為什麼有這樣的反應，儘管你認為他們的態度實在不公平。大致上，他們面對另一半咄咄逼人時，還是會說句肯定的話。譬如，如果另一半責罵他們不聆聽，會先贊同對方的話：「你說得沒錯，都是我沒聽你說話，最近壓力太大，我想我可能一整天都聽不進任何人說的話。」總之，把焦點放在另一半抱怨的「事實」，儘管內心不是完全贊同，但他們知道另一半只是抒發自己的感覺。

相反，在怨偶之間，當一方自衛的態度像是在告訴另一方絕對搞錯了，反而會讓對

我們可以看到，在這一類的爭吵中，我們遇到的主要障礙不是爭吵本身，而是不快樂的怨偶貶低彼此的方式。怨偶其中一人感到他們的人格被踐踏，日積月累，這種變因會導致雙方更堅定自己的立場，於是所有的幽默、感動、稱讚消失無蹤，取而代之的是有害的感覺，像是我們另一半見不得我們好，他們只想著自己的好處。幸福的婚姻和遇到適當的另一半沒有太大關係，也不是因為另一半失去性慾，或有沒有蓋好馬桶蓋。不管是神仙眷侶還是怨偶，一樣有很多懸而未決的吵架問題。但不同的是，神仙眷侶懂得說出問題的方式，欣賞對方的方式，而且能了解彼此。

到這裡，當一對夫妻遇到了批評、貶低、和自衛的態度，那麼最後一站就是固執己見，男人比女人有更多這種行為。譬如，當這種情形發生，他們不但不回應另一半的控訴，反而打開電視或回到房間，表現出完全忽視另一半感受的態度。或許外表看似絲毫不在乎另一半的問題，但其實相反，也就是說，內心其實非常在意和另一半吵架，但是因為情緒太過強烈，而不得不選擇逃避才不會負荷不了。

固執己見可能是通向感情最終疏離的最後一里路，這種疏離所引發的強烈孤獨感，是人所能承受的極限。當夫妻關係走到這裡，或許已經能平心靜氣談他們的問題，似乎不會再吵架，彷彿兩人之間沒發生什麼問題，但其實兩人都已遍體鱗傷，放棄溝通了。

214

這些怨偶,有些不會走上離婚一途,但是過著各自的生活,直到其中一人捲入外遇。

前面提到,固執己見比較常在男人身上看到,因為他們的心血管系統比女人還容易產生反應。美國心理學者李文森(Robert Levenson)和他的學生羅倫·麥卡特(Loren McCarter)發現,如果一個男人和一個女人持續更久。道夫·齊爾曼(Dolf Zillmann),男人的心臟會跳動比較快速,而時間也會比女人持續更久。道夫·齊爾曼(Dolf Zillmann)也證實了,如果粗暴對待一個男人,再立刻要求他放輕鬆,他的血壓會維持在高點,直到找到時機回敬對他不恰當的人。一般而言,男性在吵架後,很容易困在負面的思考迴圈當中(比如:「這件事不能這樣結束」、「他要付出代價」、「為什麼老是把所有事怪在我身上?」),與此同時女性卻能在吵架過後去開這種想法。

分析夫妻爭吵所得出的結論,再回頭看男人比女人容易逃避的行為,就不會那麼驚訝了,因為他們會承受傷害比較深而且時間較久的生理性反應。這種行為會讓很多女人氣得直跳腳,因為她們覺得另一半總是逃避讓她們困擾的問題,但是這可是事實。

遇到這種情況,關鍵是學習去感覺自己什麼時候快負荷不了以及放輕鬆。當夫妻已經吵得不可開交,瀕臨爆發的邊緣,最好的方式是停下來,直到心跳緩和。高特曼表示,當要求另一半先停戰二十分鐘放鬆,再繼續吵架,處理問題的方式會猛然改變:兩人會像脫胎換骨。但是要做到這一點,要先學會在這二十分鐘內停止糾結在問題上,不要在內心和另一半繼續吵架。

綜合我剛剛解釋的一切，或許能學到的最重要教訓是，當有人感覺自己不被聆聽，不可能還會理會你。這不是只在兩性關係上，也在跟任何人的溝通上。事實上，所有伴侶之間的吵架，都讓我想起我們的國會：政治人物對反對黨拋出個人批評，貶低所有其他人說的話，以及選民不再聽他們說話（固執己見），因為他們知道，不論反對黨如何做，執政黨都會視作惡意。「啟示錄四騎士」也一個個出現在國家的辯論會中。如果學校能教導這一切，會有什麼改變？我打從心底認為我們的社會將會突然改頭換面。如果我們懂得，光只是批評或責怪一切，另一方永遠不會聽我們的話，社會就能作出我們需要的改變，擺脫僵局往前邁進。

◤再一次信任◢

我在前面說過，伴侶之間開始出現真正的問題，是當其中一人懷疑另一人只想著自己的好處。在這一刻，或許他會開始問，另一半是否會在他需要他時，珍惜他更勝於朋友，是否會戒酒、對他忠誠，或只偶爾讓步。不信任另一半的人往往想著另一人見不得自己好，對他的痛苦視若無睹，當這樣的情況發生，就如同在工作上，就連最愛你的人都會放棄繼續奮鬥的慾望。在這一刻，爭吵會變成糾結在老問題上，因為沒人想要讓步，因為兩人都想著總是自己先退讓。這種負面的螺旋已經出現在兩人關係中。

216

當伴侶間的信任開始消磨，其中一人或兩人都感到對方不是真正愛自己，感到不受尊重。在這類狀況中，伴侶已經不是朋友，而是敵人。根據高特曼表示，當夫妻試想想改善溝通關係，療法卻失敗，是因為不了解當其中一人的話語有負面反應，是因為信任感已經出現裂痕。到了這裡，想要改善兩人的溝通已經效益不大。

神仙眷侶之間的信任感穩固，是因為他們在日常生活的尋常時刻，都表現出在乎對方的態度：當他或者她不愉快時，他們並不迴避問題，不是讓對方獨自承受，而是相當擔心，靠過去問發生什麼事。當其中一人對瑣事批評時，神仙眷侶會跟著附和，先聽看看究竟是怎麼了。長期下來，這些看似微不足道的動作會累積成差別，讓另一半感到兩人是在一起的。

總之，關心另一半的感覺，理解他們的情緒而不去攻擊，包容不同的觀點，試著以同理心回答⋯⋯如果這是常見的變因，當夫妻其中一人發怒，或挑起爭吵，另一人不要逃避也不要自衛，因為這時他的內心已無意識間出現另一半只想著自己好處的回憶，儘管有時候並不是這樣。

總結，社會壓力和焦慮的根源

經濟的進步曾是我們長期以來的盟友，但是情況從很久以前就已經改變，我們得開始擔心如何對抗新世界帶來的不便和經濟進步的副作用：憂鬱和焦慮病例的增加、請壓力病假、上癮問題……我們為了阻止相關的心理健康問題像流行病蔓延，已經聚焦在心理和精神病人力資源的不足，雖然已經往好的方向採取行動，但是我們可能忘記所有這些問題，其實都源自一個可以預防的社會問題。評估福祉的現狀，可以幫我們根除社會上壓力和焦慮的來源，以期在不久的將來的某一天，沒有任何勞工得去看心理醫師。

我們在前一章看到，教導孩童和年輕人對自己有自信，是必要的任務，尤其是獲得來自父母在情感上的支持。我們從分析社會上壓力和焦慮的主要源頭觀察到，很可能是因為我們的父母沒有足夠耐心對待處於風暴時期的青少年，因為在工作一天後早已疲憊不堪。我們的父母，也就是一般勞工，是承受最大壓力的社會階層，他們的壓力最主要來源是工作。如果我們要創造一個快樂的社會，我們就應該改善這種情形。

調查工作的壓力和焦慮的根源時，我們找到三個應該要強調的重要因素，以改

善員工燃燒殆盡化為灰燼的情形。第一個是以應當的人道方式對待他們，別讓他們感覺自己只是當其他效率更高的人出現時就會被取代的一群。然而全球化卻幫了倒忙。第二個是公平分派工作量和獎賞，這需要團隊透明化，溝通暢通無阻，主管們和領導階層要以公平性為優先考量。在已開發國家中，不平等情況的增多促使不公平的感覺加深。第三個是我們應該要提升信任感，不管是上司對於下屬或者相反過來。最後這一點造成了快樂和不快樂的社會之間的巨大落差，其中最重要的一個影響範圍是我們在工作上的彈性。

每一種工作的屬性不同，需要分開來研究，但是這三個需要改進的地方不會改變需要我們的公司去完成，不是靠大筆投資或人資部門擬定策略，而是整體文化的改變。如果我們談的依然只是成本和損益，那麼這種改變永遠不會發生。

近年來，關於員工福祉的話題引起矚目，其中一個主要原因是薪水不再是留住員工的工具。隨著越來越富裕，我們逐漸發現，大量消費不一定帶來快樂，於是我們開始要求更好的工作條件，但是就如同獎金一樣不容易調整：彈性工作時間，公司內晉升機會，工作保障，動力，團結的團隊，公平的上司⋯⋯對很多公司來說，若缺少這些條件導致失去員工，必須付出巨大的成本。但是，儘管重要性不容置疑，如何提升員工的福祉，依舊在花費許多時間後窒礙難行，絕大部分是因為實施政策後並未監督。就算公司投入資源設立冥想教室，提供瑜伽課程、桌上足球台，或者

耶誕晚餐，但是對人有所偏心，或者工作量分派不公，員工是不可能平心靜氣。要注意的是，無法忍受不公已經變成推動社會進步的一大動力，而累積幾個世代的怨氣，促成寧可犧牲也要找到解決的出口。因為我們對於不公平的敏感，一週工作四十個小時，和帶薪假期——甚至是民主工作方式，都已成為可能的事實$_3$。因為如此重要，所以要給予應得的重視。

但是，員工的快樂，不單是工作條件。我們花時間相處的另外一個群體是我們的家人和朋友。如果我們希望社會的每戶人家關起門來也是和樂融融，那麼因為官方的統計資料不足，我們需要查清楚哪些是社會上引起離婚潮、家暴，和其他家人不睦的根源。我們在這一章已經看到，夫妻之間的衝突在所難免，而依據真實案例顯示——根據科學證據列出，正確的情緒教育和與人溝通所需的能力，可以預防許多夫妻之間常見的問題。儘管我們有權過著不快樂的日子，不需要國家干涉我們該怎麼做，我們還是要問自己，難道子女也得因為缺乏人際關係溝通的資源，而付出代價。

3. 英國哲學家羅素在他的著作《幸福之路》(The Conquest of Happiness) 很有趣的一個章節中談到嫉妒。他表示，嫉妒他人會帶來更多動力，不但能實現民主，也能帶動其他的社會改革，並得以實現我們社會的平等。

220

孤獨社會的樣貌

最後，我們來到日常生活快樂和不快樂的最大源頭。我研究我的快樂——和世界上許多國家的快樂，已經十多年，關於我們的福祉，我得到相當清楚的結論，那就是研究快樂就是分析我們和其他人的關係。我們在本書各個章節早已看到，但我要再強調一點，那就是我們人際關係的品質，能帶給我們生活快樂，因此和他人發生問題會是我們最大的爭吵來源。我早在開始從事研究快樂的工作之前，已經清楚意識到這一點，因為最常出現在我的日記扉頁間的關鍵字，不管是在比較快樂或糟糕的日子，總是那個曾經在我生命中占有分量的人的名字。現在我知道自己不是唯一一個。在所有我研究過的文化和年齡層，快樂和不快樂的最主要來源都是其他人。

到目前為止，我們看到了他人對我們的印象，是如何影響我們的自尊和引起我們的焦慮。看到自己忍受種種不舒坦，我們或許會想，要快樂的最好方法是讓自己消失，沒有人打擾的遠方。但是一旦這麼做，過了一段夠長的時間之後，可能會發現孤獨比任何社交生活遇到的問題還要糟糕。因此我們要忍耐。一般而言，當人感覺孤獨，相對於其他同年紀生活在愛與陪伴中的人，快樂感會較少25%，這是在分析影響快樂的不同因

221

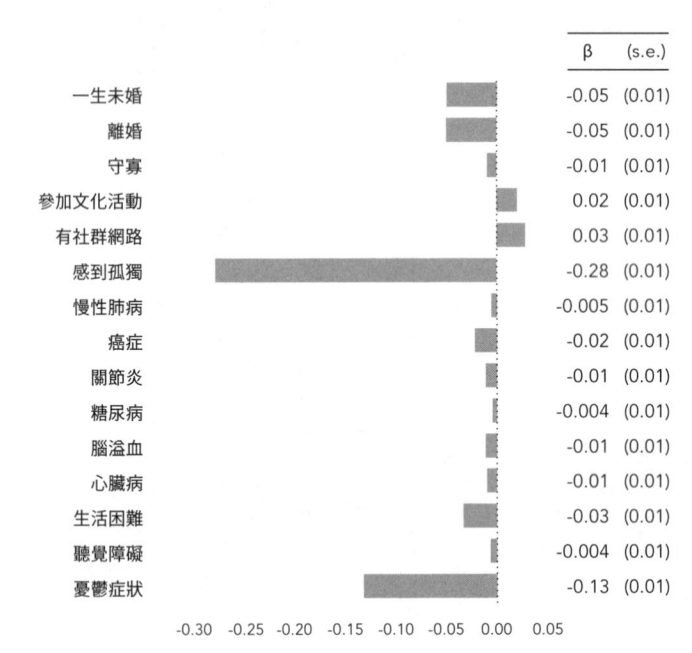

素當中，百分比最高的數值。相較之下，潰瘍患者只比健康的人快樂感少5.5%，氣喘患者少4%，糖尿病患少3.8%。這些疾病還比不上孤獨對於人們的影響。在我們的資料庫中，沒有任何可變因素能清楚區分快樂的人和那些孤獨、被排擠和不在乎任何人的人。孤獨除了啃噬我們的快樂，也影響了非常多人：在歐洲，有大約四千萬人——在西班牙大概有四百萬人——幾乎「時時刻刻」都感到孤獨。這個隱形的問題值得更多的關注。

這些年來，我在人生道路上遇到許多來自世界各地的研究員，他們用相當不同的方式研究跟我一樣的東西，也得到相同的結論。其中

	β	(s.e.)
一生未婚	-0.05	(0.01)
離婚	-0.05	(0.01)
守寡	-0.01	(0.01)
參加文化活動	0.02	(0.01)
有社群網路	0.03	(0.01)
感到孤獨	-0.28	(0.01)
慢性肺病	-0.005	(0.01)
癌症	-0.02	(0.01)
關節炎	-0.01	(0.01)
糖尿病	-0.004	(0.01)
腦溢血	-0.01	(0.01)
心臟病	-0.01	(0.01)
生活困難	-0.03	(0.01)
聽覺障礙	-0.004	(0.01)
憂鬱症狀	-0.13	(0.01)

圖34：各種狀況對快樂的影響

一個是英國心理醫師和流行病學家安德魯·斯特普托（Andrew Steptoe），他同時也擔任倫敦大學學院行為科學與健康系主任。他使用英國的資料分析影響快樂最多的因素，發現了孤獨是快樂殺手，比起任何疾病都還兇殘，甚至遠超過我們一般認為的絕症如癌症。

上一頁圖34摘自《幸福源頭》（The Origins of Happiness）⋯

因為這個結果太不可思議，有很長一段時間我和同事都以為應該是哪裡有誤，於是我們延後公布幾份和安德魯·斯特普托和拉塞爾（Lassale）相同結論的報告，直到我們開始看到許多其他的發現。我們很難相信像癌症這樣的病，影響福祉的程度竟然比孤獨來得輕，老實說，直到現在我還是對結果有些存疑。儘管如此，我慢慢地從不同面向探究某些疾病對快樂的影響，因而了解或許我之前看待這個事件的角度太過表面。其中，我在研究期間發現病人在確診重大疾病後，情感上的支持影響甚鉅，能幫助他們以不可思議的方式對抗疾病的負面結果。本來不跟兄弟姊妹、朋友和子女談心的人，在確診之後開始改變，並突然發現身邊有一個支持他的巨大團體，這個簡單的事實能讓病人很驚人地打起精神。因此，有越來越多的機構開始採用「社交處方」，「開給」病人社交活動，讓他們可以掙脫獨居生活影響他們精神和健康的負面變因。孤獨相較其他疾病更為重要，我們社會得研究，為什麼感到孤獨的人在接受評估他們的福祉時，數值非常低，以及我們能做什麼解決這個問題。

另一個得到相同結論的研究學者是美國精神科醫師喬治‧華倫特（George Vaillant），他並領導哈佛大學格蘭特研究（Grant Study）。這個已經提過的長時間進行的美國研究計畫，在超過七十五年時間內追蹤兩百六十八個男人的人生、人際關係和個性的變化，從年輕到年老。研究員從這個前所未聞的追蹤調查，得以判定這些男性在就學期間的成績，是否會影響他們在五十歲時面對的夫妻問題，或者他們在老年時快樂與否。在二〇〇九年，《大西洋》月刊（The Atlantic）問華倫特，在長達四分之三個世紀研究兩百六十八個男人的人生，得到的最重要發現是什麼，醫師毫不猶豫回答：「事實上，唯一重要的是他們的人際關係。」我十分贊同他的結論。

科學研究一致同意人際關係佔我們福祉相當重要的一部分，但是我們在前幾章看到，其他人能帶給我們快樂，也可能是我們問題的最主要來源。我們的人際關係越是緊密，這一類的衝突可能也就越重要。就某方面來說，我們可以用叔本華的話來強調這一點，他說人類就像刺蝟，需要靠近其他人以免冷死，但是又需要一定的距離避免刺傷彼此。

人與人之間的關係在我們生活中佔有相當分量，如果我們把鍛鍊社交肌群的時間用來運動，一定能變成奧林匹克冠軍，因為只要豎耳細聽，我們會發現任何桌上聊的淨是些八卦、閒話、外遇……回到家，不管電視頻道轉到哪一台，節目播的都是人類的各種行為，特別是名人，講的可能是最近有哪個名人酗酒等等。如果我們不想看電視，就會

224

花點時間瀏覽社群網站，這些平台的成功靠的就是我們對其他人上癮。儘管這麼勤奮鍛鍊，我們在日常生活還是困在小時候跟父母和兄弟姊妹同樣的爭吵當中，不斷換工作，不斷換伴侶，跟每一任吵同樣的問題。怎麼會這樣？

在前一章，我們談過幾種爭吵的根源，但是在這一章我們要進一步深入探討：我們需要其他人才能快樂的理由，以及為什麼我們一旦失去會失魂落魄。這也就是愛情、關懷和婚姻，而相反就是孤獨。我指的不是那種意味自由的孤獨，像是一個人躺在沙發上，選擇自己喜歡的電影。我們談的孤獨，是當我們不想一個人，但是無法改變現狀而感到的孤獨。這種孤獨常被誤以為形同孤立，但在現代沒有人是孤立的。我們身邊都圍繞著人，但我們大多數人都感到孤獨：

二〇一三年五月十七日禮拜五。四分加一分無扣分。
今天我感到很孤獨。孤零零在家。孤零零在辦公室。甚至晚上跟朋友聚會也感到孤獨。在這裡沒有人在手我，我的存在可有可無，他們對我來說也一樣。

當我們談孤獨時，應該要分析為什麼我們感覺身邊沒有人陪伴。

讓我們疏離其他人的阻礙

我們在人生道路上會牽著不同的人的手走過不同階段。在年輕時，我們主要的陪伴者是父母和同學。在三十歲到五十歲之間，大多數人都會遇到人生另一半和組成家庭，同時間慢慢和許多朋友失去聯絡。過了五十歲後，孩子離家獨立，同事不再是我們生活日常的角色。當一個人走完所有這些階段，就要學會和許多愛的人道別，轉向或許從前不曾預料到的人的陪伴。

荷蘭非營利社會科學縱向網路研究機構的調查表，要求幾千名各年齡層的受訪者列出一張五個來往

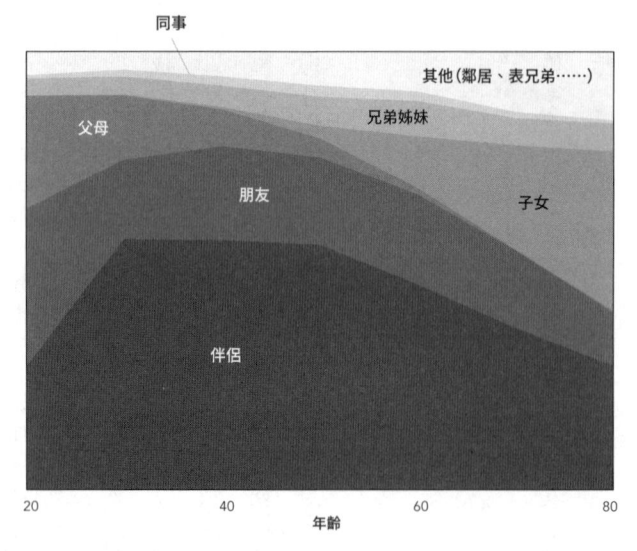

圖35：各個年齡的重要同伴

依照順序數出你在最近六個月會談心或聊重要大事的主要對象（圖所示的是清單上第一人選。在各個年齡所占的百分比重）。荷蘭非營利社會科學縱向網路研究機構在二〇〇八年到二〇一九年所蒐集的三萬零兩百一十九份回答。

最密切的人的清單。右頁圖是受訪者的清單上在不同年齡時的第一人選，從這個例子可以清楚看到，我們的「人生同伴」如何隨著年齡漸長而改變。圖35的每一塊代表受訪者選擇的第一位伴侶、朋友等等所占的百分比重：

我們可以看到，在二十歲時生活重心是父母、朋友或伴侶，在三十歲到五十歲間，有60%的人認為另一半是最值得信任的人。從五十歲開始，越來越少人提及他們的伴侶，取而代之的是越來越常說到子女。這就是我們的一生。

這樣看來，人生是一場不斷接受到失去的過程。年輕時得離開朋友群到其他城市念書，工作後得移民到其他國家，子女離巢獨立，夫妻離婚，人們過世……我們的日記填滿了這些階段：

二〇一四年七月九日禮拜三。五分加一分無扣分。

明天蜜就要離開了，明天我們會最後一次接吻，那種讓人天旋地轉的吻，然後我會再看她最後一眼。寫下這段話，我真想哭……

> 二○一四年七月十日禮拜四。五分無加分無扣分。
>
> 我向她吻別,帶著無限的悲傷,目送她最後一次在街角轉彎,我變成孤零零一個人,就如同她出現在我人生之前那樣;真是難過。

當我們一帆風順時,都自以為對孤獨免疫,但沒有人是免疫的,在變動的階段,越是勇敢面對越能適應。

約翰‧卡喬波(John Cacioppo)是透過科學方式研究孤獨的權威之一,他正是在著作《孤獨》(Loneliness)提到在我們的時代孤獨感倍增,是因為越來越多的家庭成員必須搬遷到其他地方找工作,也就是他稱的「流動人口」(transient community),因此越來越多人說他們能聊私事的對象只剩伴侶。這也導致城市失去人性化,因為在這裡每個人都是來自外地,而一般傳統的小社區,則是左鄰右舍都會走出大門聊天,整個鄰近地區的人都認識彼此。從前一章的資料來看,如果我們社區的鄰居都是工作太忙沒時間與家人相聚,也沒時間在午後閒坐在板凳上和鄰居閒聊,那麼也就不奇怪了。西班牙國家統計局(INE)和住宅變化統計(EVR)的國內遷移潮的統計資料,證實了卡喬波的這個社會上逐漸增多的搬遷現象。在一九九○年以前,一年有四十萬人從居住地搬到另一個

不同的自治區,但是到了二○二○年,數量已經增加到一百五十萬人,幾乎增加四倍。於是在國內移民潮的助長下,孤獨感蔓延開來也不足為奇,勞工搬遷到陌生社區,青少年得轉學,父母親得和子女分開。科技進步帶來好處卻也引起負面的影響。關於這一點,依照我們針對各行各業來分析這個問題,並未有任何的資料能佐證社群網路會加深孤獨感和心理疾病,這個指控是錯誤的,而和一般的想像相反的是,不論距離多遠,社群網路都能讓我們和心愛的人維持聯繫。

因此,要解決孤獨在我們社會蔓延的問題,就要關注此時此刻正在人生變動期的人。當有人痛失伴侶或在搬家後失去所有朋友,我們無法卸除他們的悲傷或空虛,但是他們在熬過變動過後,仍有個能容納他們的群體,或者在離開醫院後有個可以靠著哭泣的肩膀,或者從車站送別回來後有個可以一起喝咖啡的同伴。我研究了這個題材很多年,最後得到的結論是,我們如果不想在變動時期感到孤獨,身邊就需要有能接納我們的人。大致上,人會感到孤獨,通常是感覺和所屬的族群格格不入。因此要了解什麼是接納的感覺分外重要。

這也就區分了我們所愛的人和剩下的其他人。

我們會感到被排擠在外的其中一個群體是在工作上。我們的同事可能會很明顯或不著痕跡地排擠我們:不找我們一起聚餐,大家一起說話時眼神刻意迴避,或者放假回來不和我們打招呼⋯⋯

二○一七年二月八日禮拜三。五分無加分無扣分。

我看到四個同事聚在大廳吃飯（其中一個是比我還晚來的新人），頓時有種不被尊重的感覺。這讓我感覺是不是自己有什麼沒注意到的缺點，導致他們不優先找我共餐。

那一天的最後一句話，透露了我渴望被接納的需要。這種不安全感讓我們覺得自己可能有什麼不好的地方。

如果任何公司企業擔心發生排擠員工的情形，卻又沒注意到這種不著痕跡的小戲劇，很可能會誤以為要引導安靜不多話的員工融入群體，就要讓他們的身邊圍繞人群，或者邀他們參加派對，讓他們和小組組員坐下來一起吃飯。這已經偏離實際狀況。感到孤獨的人想要擺脫孤獨的感覺，至少要找到一個能了解他、接納他、和他說話的人。正如愛爾蘭作家路易斯（C. S. Lewis）說：「友誼誕生的那刻，正是當一個人對另一個人說：『什麼？』『你也遇到了？』因為他以為只有自己遇到。」

我們在和其他人交往時，需要保護自己的自尊，這也解釋社會心理學家亨利·泰弗爾（Henri Tajfel）和約翰·特納（John Turner）在一九七九年所提出的理論，為什麼大多

數社交活動只發生在社會認同的圈子內。根據這個理論，我們都把自己歸類在特有的團體內，根據所屬的團體建立自己的身分認同，凸顯區隔自己和他人的特色。我們只要仔細注意，就會發現這個傾向是如此重要——需要感覺自己屬於區隔其他人的某個特定團體，能夠拿來解釋我們怎麼選擇朋友，怎麼看待種族主義、愛國主義，或者城市部落的存在。

我們和其他人的交往有絕大部分是需要靠維持自尊，這是一個不見得能容易被接受的事實。譬如，我在青春期會迴避和比我有魅力的同儕出去，因為他們會讓我在女孩面前形同隱形人。我在大學通常會和成績差不多的同學來往，挑那些分數耀眼的同學的缺點（我們叫他們「書呆子」或「不合群分子」）。當我在上一份工作被開除，我第一件去做的事是從自己的團體中找到同樣丟飯碗的人，說服自己問題不在我們身上，而是其他人（大致上是北歐人）不懂欣賞我們的優點。這些例子儘管很丟臉，卻都說明了，如果其他人的長處讓我們變成一文不值，那麼我們和他們的關係可能就岌岌可危。

但是我們想被接納，還得要有一個在現今社會很少見的必要條件：坦白。我有個絕佳例子可以說明這個重要性。我有個同事對我隱瞞他是同志的身分好幾個月。直到他對我坦白之後，我們開始打開話匣子，建立互信的友誼⋯

231

二〇一四年二月二十七日禮拜四。六分無加分無扣分。

自從史告訴我他的樓友其實是他的男朋友之後，我們的談話比以前順暢許多。

坦白對於建立互信友誼是重要的，但是我說過，越來越少見了。如果表現自己真實的一面那麼重要，為什麼我們那麼難以敞開心胸？原因是會陷入被拒絕的風險。當一個人隱藏真面目，在遇到被拒絕的情形時，就能安慰自己，這是因為大家不認識真正的他。但如果毫無保留敞開，直接或間接「剝光」自己，導致其他人不再找他，就沒藉口可以安慰自己：真面目不討人喜歡。如果真有互相高調讚美對方的，那一定是愛情了⋯

二〇一六年四月二十三日禮拜六。六分無加分無扣分。

因為她，讓我能表現真正的自己，吻她而不用擔心被拒絕。這拉近了我跟她的距離，那個恐懼被拒絕的自己，終於能表露真正的模樣，而且我感覺她很開心。或許愛情其實是一種接納自己的方式。

這就是對抗孤獨的良方，但是希望有效，最重要的是要感覺自己被接納。

我們大多數人都害怕被拒絕，於是戴上正經和完美的面具拚命隱藏「真正的自己」。這個外殼保護我們免於批評，但不幸的是這個巨大的阻隔卻使我們和其他人的距離更遠。

關於這一點，休士頓大學教授布芮尼‧布朗（Brené Brown）是知名專家，專攻心靈的脆弱的研究。她提到當我們對他人的意見無動於衷，可能會失去和他們連結的能力，同時，如果我們是自己期待中的模樣，我們會失去呈現真實自己和受到肯定的機會：

脆弱並不等同軟弱，而每日的躊躇、風險、和表達情感，是無法選擇的。**我們唯一的機會只有面對。我們承認並連結脆弱的意願，會決定我們的勇氣有多強大，和我們的決心夠不夠清楚明瞭；我們若是恐懼和斷開，則會讓自己遠離脆弱。**

我們在關於社會的完美主義的章節看到，認為要表現出完美一面，以獲得他人的接納，反而會築起高牆把他們阻隔在外。我們如何感覺自己被批評，根據人而有所不同，但是在所有的案例中，根源都在於誤會要被接納，非得要求一切完美。很多內向的人為了避免遭到批評，最終可能會習慣默默做事。這是個可以理解的解決方法，但是這類習慣長期下來會讓我們和其他人隔絕，慢慢失去與人認識的機會。到了這一步，我們因為

內化了許多當初能免於批評的習慣,所以無法知道為什麼自己那麼難找到朋友:

二○一四年十月二十一日禮拜二。四分無加分無扣分。

在這個陰暗的下雨天,我一個人上酒吧喝啤酒;天色越來越早變暗。在這間酒吧,每到禮拜二都有各種舞會,但是我怕羞不敢參加,我怕羞不知道該和共舞的人說什麼話,我感覺像我這樣的人在這種環境等於隱形人。

越來越多的研究報告顯示,召集人們參加社交活動,無法有效降低孤獨感,比較有效的做法是掃除被批評的恐懼。由芝加哥大學醫學系研究員完成的一項統合分析,蒐集了在各個社區用來緩解孤獨感的各種做法。其中包括「陪伴」在安養之家感覺孤獨的老人,但是效果並不大。然而,如果能指點參加社交活動時出現的負面思考,倒是有效的。可以從這一點出發,找出我們社會上感到孤獨的人:幫助他們在和他人交往時,不要害怕被批評。

我們之前提過的「哈佛大學格蘭特終生研究」計畫主任喬治・華倫特舉出幾個真實案例,說明在他的研究中,有些男性礙於害羞,終其一生無法和其他人建立滿意的交往

關係：

要跟他建立連結很難。理由不難理解，他也無法感覺和他人連結。結果他到了成年還難以找到對象，他在童年也有一樣的困難。十九歲那年，他對自己說：我覺得交朋友不簡單。到了三十歲，他覺得認識新的人很難。到了五十歲一切都沒改變。他描述自己是個「有點害羞」的人，他告訴我他不擅社交。在工作上（他是建築師），他描述自己被群體圍攻，也感到上司苛待他。我問他是否有老朋友，他卻談起自己非常嫉妒的一個男人。山姆對其他人不抱期待也無法信任，所以特別無法忍受孤獨，這是他在成年後一直無法克服的問題。他娶了一個有酗酒習慣的女人，婚姻非常不幸。

在這一段文字雖然可以看到主角的害羞個性和無法信任他人，但可能還有更多原因，或許最重要的是華倫特說的，我們從父母那裡得到什麼樣的愛。這個結論非常清楚，我們已經在分析國際學生能力評量計畫的資料時提過，山姆是個絕佳例子⋯

和山姆的最初幾次面談，是他讀大學時期，他描述他的母親非常情緒化、難以預測，和非常容易陷入焦慮⋯⋯「我和她不是太親近。」他也不太敬重自己的父親。到了四十七歲這一年，他形容回憶中的母親總是「神經緊繃和心煩意亂」，父親「冷漠、焦

慮和疲倦」⋯⋯山姆的母親說，兒子從未得到太多照顧，甚至連最基本的都不足。當問她如果時光倒流，這個狀況會有什麼改變，她說：「我會在他童年給予好一點的照顧⋯⋯以及多一點陪伴。」她談起兩個孩子，說以前一直希望他們能成熟一些。

如果孩子沒在家裡學會愛人和信任，那麼成年之後就可能無法擁有自信、進取心和自動自發，而這些是一個成功的成人生活的基本條件⋯⋯我們經常看到以下的不幸後果：貧乏的童年（第一）導致無法發展和其他人的親近關係，（第二）習慣使用過量的藥物來提振精神。擁有溫暖的童年的人能在感情生活得到滿足和被接納，這種感覺會一直陪伴他們到老，而沒這麼幸運的童年的人則是發展出（第三）對信任的困難，因而一直隻身面對這個世界。

如果是擁有黑暗的童年（第四），最殘忍的部分在於到老年依然缺乏朋友的相互關係。在童年有愛灌溉，到七十歲都不乏朋友和社交支持，而在童年缺乏父母的愛，則在大半輩子裡都過著孤單的生活。有溫暖童年的人，有多出八倍和兄弟姊妹和睦相處的可能性。

⋯⋯若是童年被剝奪愛和理解，半數會被診斷出心理疾病（其中有嚴重憂鬱症），不得不被送進某處療養院⋯⋯此外有過這種童年的人有高出五倍機會感到異常焦慮的可能性。出現濫用藥物或酒精情形，

236

這本書再一次提到父母親的愛是發展滿意的生活和深度人際關係的關鍵。

恐懼自己可有可無

最後，還有另外一種感覺，而且是最重要的一種，如果我們想被他人接受，想徹底根除內心的孤獨感，不可否認的要能感覺自己是特別的。他人張開雙臂歡迎我們固然重要，但是若能聽到他們說出，只有我們願意聆聽他們的感覺，則是再加上了一定程度的連結關係。因此，當他們告訴我們秘密，是建立友誼的第一步，但是保密會更加鞏固這段友誼。

卡內基（Dale Carnegie）在他具有影響力的著作《卡內基溝通與人際關係》（How to Win Friends and Influence People）提到，想要影響他人，關鍵是讓他們感覺自己特別。在他看來，這其實是快樂的最後一片拼圖，不論是醫藥或科技的進步仍無法給予，因為要感到特別，得要感到與眾不同，這在現代社會幾乎是不可能的，因為大家的生活都大同小異。

對一個人來說，感覺獨一無二是確定被接受的方式，因為這等同於，他在身邊圍繞的所有人當中，擁有其他人所沒有的東西。這種特殊性會在我們一生發展出的大多數較深厚的關係中扎根，若是缺乏就是孤獨主要來源。而如果在人群圍繞中依然感到寂寞，

是因為覺得自己對身邊的人來說可有可無,我們可能會被其他更有趣或好看的傢伙輕易取代:

二〇一五年十二月七日禮拜一。五分加一分無扣分。我找不到一個能讓我覺得特別的女孩,目前過著工作到回家的例行日常,等等;通訊軟體上沒人直接寫私訊給我,都是在群組中聊天。

其實我那天想甩掉孤獨的感覺,需要的不是很多朋友,而是他們當中有人能直接寫私訊給我,而不是在一個一堆人的群組中。這種感覺以許多不同的方式出現在我的日記上,「我感覺自己是在虛無中的一棵樹」,「我的價值不是來自我自己,而是我所做的事」,「我需要感覺被需要」,或者感到「萬一我發生意外,不會有人知道我在哪裡」。所有這些描述反映了一件影響我們所有人的事實:感覺自己對其他人來說可有可無。

許多用來對抗孤獨感的做法,我想,我們通常會忽略需要感到自己在他人眼中是特別的。幾年前,我高齡九十三歲的祖母告訴我,她喜歡和大樓的雇工互動,因為她們會向她問好,但是她又失望地補了一句,或許她們也這樣對待

238

大樓其他住戶，她的意思是如果她不是唯一的那個，這段關係就會轉為平淡。她希望自己也是特別的。

我想祖母只是開玩笑，但是從她說的這件事，我看到了需要感覺特別不只是青少年的慾望，而是我們人際關係的一個重要特點，會延續一輩子。幾個針對安養中心的研究也證實這一點。譬如，在二〇二〇年，一群挪威研究員訪談不同安養中心的護士和社工，想藉由他們的經驗了解老人感到孤獨的原因。研究的其中一個結論提及，和他們建立「獨一無二」的關係是重要的：

老人家認為和特定的人建立社交關係很重要。比起認識其他人，認識某些人會讓他們感覺自己是獨特的。或許這是能夠遠離孤獨的方式。如果護士和社工能跟老人分享個人故事，就能有效紓緩他們其中一些人的孤獨感。

當一個人開始關心獨特性，他就會發現我們的很多行為都看得到這個痕跡，比如吸引目光的打扮，掌握小道消息，替孩子取少見的名字，聆聽不太有名的音樂，注意昂貴好酒的色澤等等。想要特別，是很常見的行為，連公司企業也不太擔心怎麼解釋他們產品的用途，而是要我們看到，只要擁有就能讓我們覺得特別。

如果以人類學家的眼睛觀察人類團體夠久，就會發現每個人都傾向選擇還沒人扮演

渴望獨特,是和他人建立連結的主要原因之一,但這種渴望其實對我們的人際關係有非常負面的影響。謹慎起見,我們應該談一談。

其中一個較為負面的,是獨特性不長久;比如,久而久之,我們不再覺得另一半的優點有什麼特別。這種行為看似自然,但其實有害愛情,因為很多人搞混了愛情和需要感覺特別,當感覺不到獨特性,他們會以為愛情已經消失。這樣的誤會讓伴侶的關係變得脆弱,而如果出現第三者,還不認識他們的缺點,但能欣賞他們伴侶已經習以為常的優點,就會讓他們彷彿恢復青春。如果人只把愛情建在這種最初的特別感覺上,可能會一整天都不滿意現有的生活,並問自己為什麼難以找到真正愛他的人。

獨特性的另一個黑暗面,和前一個有關,會導致我們和錯誤的人建立人際關係。如果我們停下來思考,會發現我們對父母來說都是特別的,但是沒有人每天早上起床會因

獨特性的黑暗面

的角色,因為這能讓他們感到獨一無二,如果團體來了新的人,那麼這些角色就會調整功能,直到每個人都保有自己的獨特性。以我為例,如果我自認為是團體內最幽默的人,但我發現新來的人比我幽默,我會放下這個角色,轉而透過較親密的對話,和其他人產生更深的連結,讓自己變成最佳的聆聽者。

此感到高興。原因就是，這種愛不是來自任何讓我們與眾不同的特質，而是所有父母對孩子的愛；就某方面來說，這是一種沒有價值的獨特性。這種希望因自身價值而獨特的渴望，會催促孩子在某個年紀想要離巢。但這看似無足輕重的細節，透露獨特性的重要的一面：建立特殊性的人際關係，有時是出自被排擠的人際關係，因為我們認為自己送上門的友誼或愛情沒有價值，除非對方是遙不可及的人。這會驅使我們許多人不自覺去追逐有害我們自尊的人際關係。

因此，我得出的結論是，獨特性是一種讓我們感覺和其他人緊緊連結的方式，但是長期看來是短暫的而負面的；所以我們如果不想再感到孤獨，或許最好的方式是發展不要太緊密但是穩定持久的人際關係。佛洛姆（Erich Fromm）在他的著作《愛的藝術》作了完美的簡述：

對大多數人而言，愛情的問題主要在於被愛與否，而不是去愛與否，不在於自己的愛人能力。所以對他們來說，問題是怎麼讓自己被愛，如何讓自己配得上愛情。

兩個互不相識的人，比如我們都互不認識，突然放下隔開彼此的藩籬，感覺距離變短，好似成為一體，這連結的一刻，便成了一生中最熱血奔騰的一刻。對那些嘗過封閉、孤立和缺乏愛的滋潤的人來說，更是奇蹟般的美妙時刻。如果又加上性吸引力並沉溺其中，通常能催化這種奇蹟般急遽轉變的親密關係。然而，這種的愛情，從它的本質上來

241

看，不是持久的。當這兩個人開始熟悉彼此，這段親密關係的奇蹟成分會越來越淡，直到出現反感、幻滅，對彼此感到乏味，最後把最初剩餘的興奮感抵消得一乾二淨。然而，一開始他們不會知道這些：事實上，他們以為熾烈的熱情，愛得「神魂顛倒」，便是愛情燒得熾烈的鐵證，而其實這證明的是之前的孤獨感有多麼強烈。

孤獨的社會成本

到此為止，我們分析了孤獨的原因，並了解這和恐懼被其他人拒絕的過往有很大關係，當我們恐懼，就會遠離他們，進而感到難以填滿想要獨特的需求，在這個世界每個人都想要獨特，但在不斷改變和搬家的現代生活中，我們每隔一段時間就要遠離已建立起連結的人。想要消除我們生活中的孤獨感，就要承認這種複雜性事關緊要，但是本書的目的是調查，以社會角度來看，能做些什麼來解決這個問題。

我們的國家關心依賴人口的福祉，提供殘障人士無障礙通行空間和昂貴的髖關節開刀補助。然而，我們卻沒一套預防他們回到家後就形同孤立的方案，雖然在很多例子中，孤獨對殘障人士可能比殘疾還要可怕。而缺少方案，是因為猜想他們回家以後，應該有講話或一起散步的對象，但是看一眼資料就知道事實並非如此，不是每個人都和自己的群組親密來往，因此在興建建物或提供依賴人口協助時，都要考慮這種孤立的情形。

242

幾年前，英國開始注意人口的孤獨是一種公共責任，而經過一番鉅細靡遺的分析後，發現這個問題會成為國家的沉重負擔，因此任命（並非沒有引起輿論）克魯希（Tracey Crouch）為「孤獨部長」處理問題，目前則由戴安娜・巴蘭（Diana Barren）接任。根據那份研究報告，大約有九百萬名英國人說他們「總是或幾乎總是」感到孤獨。孤獨很可能會花費英國高達兩百五十萬英鎊。依據英國的醫療體系國家健康服務，每投下一百英鎊降低孤獨問題，整個社會就能回收一百二十五英鎊。這位部長處理孤獨問題，所採取的其中一個方法是把資源分給小型的社區協會，讓他們規劃從舞蹈課程到籃球比賽或園藝坊的活動，方便居民參加並和鄰居互動。

在地球的另一端的日本，每年有超過一萬八千人自殺，因此也在二〇二一年任命坂本哲志為「孤獨大臣」，制定措施預防社會常見的孤立問題。

各國對孤獨的關注，似乎是注意到這是攸關經濟的重要問題，因為引起的損失似乎比預期的還要大。譬如，我們從在學院分析的所有調查，可以觀察到孤獨通常伴隨健康狀況不佳而來。這種相關性早就在科學圈耳熟能詳，不過有許多年時間一直備受爭議，因為不能確定人是感到孤獨而容易生病，或者相反，是因為生病而感到更加孤立和孤單。第二個是可以理解的，不過第一個讓人驚訝不解。然而有幾份縱向研究報告指出，第一個也是正確的：如果今天你很健康，但是你感到孤單，就很有可能在未來一年生病。

孤單會透過幾種途徑影響我們的健康。譬如，一個靠退休金生活的人，患有某種肢

體不便,一旦遭逢伴侶過世,等於沒有人能幫助他維持健康,包括藥物控制、簡單的出門散步,或者吃得健康。在這個例子中,死去的家人除了留下情感上的空虛,也無法再給予重要的實際幫助。但是孤獨影響健康,也可能僅是感到孤獨,因而導致我們憂鬱,讓我們提不起勁做事、失去胃口、不想出門。這份驅使英國創立孤獨部長的報告中,有個足以清楚說明的例子,一位叫蘿拉的七十六歲老太太,在二〇一六年突發腦溢血後,突然造成身體左半邊行動有問題。她在出院後,沒有能對抗孤立的任何協助方案,於是自然而然孤立在家,從那時起開始感到孤單並且生病⋯

我早上不再想洗澡。我開始感到憂鬱。我吃不下,開始掉體重。我這輩子經歷過許多風風雨雨,但是這一次⋯⋯我感到四周的門全都關上了。

蘿拉在最低潮時刻,決定打電話給英國皇家志工服務(Royal Voluntary Service)慈善組織,聯絡上了一名志工,陪她每個禮拜出門散步一次⋯

當時我需要只是跟人說說話,這位完全陌生的人幫了許多忙。艾迪讓我想起,我很擅長跟人聊天;我在坐了輪椅後,聊天功夫大不如前,因為人們跟你說話時,都把你當成聾子或瘋子。

244

但是孤獨也會影響年輕人的健康。在上一章，我們看到了壓力會引起非常明顯的生理反應，造成長期下來影響我們的身體，有較大罹患心肌梗塞的可能性。那麼，我們在生活中感到壓力的莫過於身邊沒有人。我們可以從一個國家有多少人感到孤獨，推估出壓力和孤獨之間有著密不可分的關係。下一張圖使用的是歐洲生活品質調查（European Quality of Life Survey）的資料，一共有超過八萬名受訪者（一個國家大約兩千人），我們可以清楚看到這種密切的關係：

感覺放鬆和平靜的百分比

[散佈圖：縱軸為感覺放鬆和平靜的百分比（60-90），橫軸為感覺孤獨的百分比（10-30）]

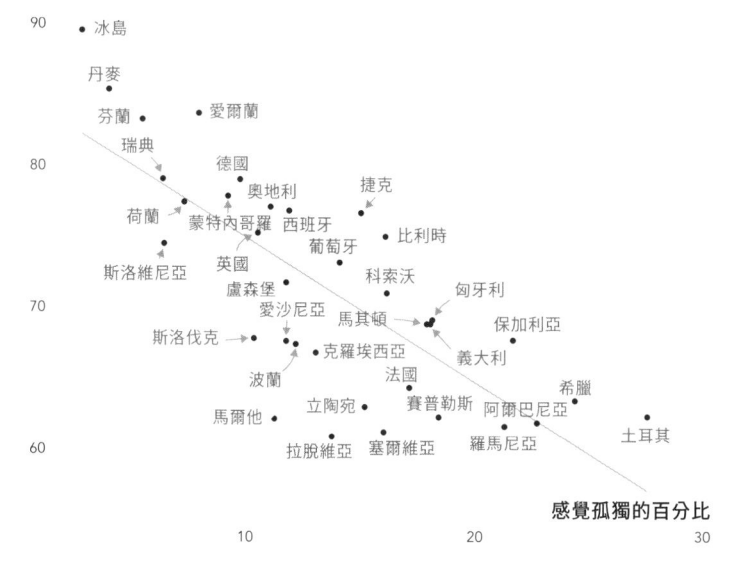

冰島、丹麥、芬蘭、愛爾蘭、瑞典、德國、奧地利、捷克、荷蘭、蒙特內哥羅、西班牙、葡萄牙、比利時、斯洛維尼亞、英國、盧森堡、科索沃、匈牙利、愛沙尼亞、馬其頓、保加利亞、斯洛伐克、克羅埃西亞、義大利、波蘭、法國、希臘、馬爾他、立陶宛、賽普勒斯、阿爾巴尼亞、土耳其、拉脫維亞、塞爾維亞、羅馬尼亞

感覺孤獨的百分比

圖36：各個國家的孤獨與內心平靜

資料摘自歐洲生活品質調查在二〇一一年到二〇一六年蒐集的80,026份回答。回答數量最少的是冰島（999份），最多的是德國（4,666份）。

各位可以看到,在人民比較放鬆的國家(冰島、丹麥、芬蘭……),感到孤獨的人非常少。相反則是在土耳其、希臘或阿爾巴尼亞,有很多人感到孤獨,非常少人內心平靜。之前提到的丹麥精神科醫師和心理醫師赫勒‧福爾登、賈斯伯‧卡勒、拉斯‧艾克朗清楚解釋了工作環境的壓力和孤獨的關聯性:

孤獨通常是非理性的負面想法的催化劑,可能導致我們陷入更加孤立的狀態。我們獨處時會比跟其他人共處時來得胡思亂想;我們會越想越悲傷或生氣,於是想法更負面。我們不一定要和同事或上司形影不離,但是我們至少要感覺自己是團隊的一分子

當員工不知道公司對他的期許、覺得工作量超載,或者得對付難搞的顧客,就會覺得與其面對工作上的批評,倒不如留在家。他沒尋找協助,只是怪自己無法談他的問題,他覺得不可能把這種擔心告訴其他人。當員工冒險請壓力病假,就是開始自我孤立的一個警告信號。

因此,我們的醫療系統和員工勢必都會因為孤獨和孤立付出一定代價。這一類分析或許能有效向投資者或政府傳達,應該投資在看似「個人」的需求上,但實則對我們的經濟有非常明顯的影響。不管如何,我想在繼續說下去之前先解釋一件事。如果我們太

246

看重這一類的「經濟分析」，認為必須把事物變成可量化的金錢才能凸顯重要性，就是抱著過時的心態。我們以社會的角度來提升生活品質，所做的大多數投資，從本質上來說是「無利可圖」的。大致上，我們都同意這一點，但不幸的是，負責分配資源的上層，沒有一套可以了解這種投資能對社會帶來什麼收益的標準，因為這樣，他們根據的是直覺或仰賴經濟分析。這勢必得改變。

「重新連結」（Reconnection）方案就是針對這類問題的好方法。這是英國伍斯特郡在二〇一五年到二〇二〇年之間實行的一套方案，目的在於降低人口逐漸出現的孤獨感問題。由某個數量的志工來服務超過千人獨居的老人，跟他們聊聊他們的境況和能夠幫助他們的方法。同時，倫敦政治經濟學院負責研究這一千多人的生活有什麼改變，著重在說自己感到比較沒那麼孤獨的人數、每年看醫生次數，和藥物支出的比例。實施五年過後，據估計「重新連結」方案替國家省下將近八十萬英鎊（一百萬歐元）的費用，主要是透過減少看醫生次數和住進安養院。投資的每一百英鎊回收了一百一十一英鎊。

這就是投資在孤獨的經濟收益：每花一百英鎊賺回一百一十一英鎊。金額看似不多，而且這種收益還有爭議，因為大多數省下的錢是來自住進安養中心的人數減少。可以想成這個「重新連結」方案只是安排比較廉價的志工取代安養中心的工作。然而，在經濟收益外還有其他東西。詢問這一千多人，他們是否在方案執行後覺得比較沒那麼孤單。這個方案執行的每一年，都有平均兩百人說他才真正看到這個方案的收益：社會福利。

247

們感到比較不孤單:

我藉由「重新連結」方案接受丈夫過世的事實。我再怎麼做,他也不可能回到我身邊,所以我開始慢慢走出家門,至少到外面吃個飯。「志工」會不時打電話關心我⋯⋯她是個學生,我會幫忙她的工作。我變成她實習的天竺鼠,這真是美好。

——葛蘿莉亞,七十一歲

我透過介紹認識志工,她對我超級溫柔,我們變成好朋友。這個方案執行了大概六個月吧,但是我們依然還是朋友,這真是美妙。

——崔西,六十四歲

看來,只用經濟收益來評估「重新連結」方案似乎太過「理性」。這個方案或許收益並不高,卻帶給感到被遺棄的成千上百人好處。但像是這種從許多政策和投資產生的「好處」,並不在我們政府機關的資料庫中,只是一種關於福祉的感覺。我們的國家該制定哪些評估標準,來了解這種政策延伸的「社會福祉」呢?如果我們不想要越來越多老年人感到孤獨,我們總有一天勢必要以社會的角度來回答這個問題。

我們學院開始專注在提供這類分析給機關組織和基金會,讓他們得以評估他們的措

248

施能帶來多少「社會福利」，知道該把資源投入在哪裡，發揮最大效益影響人們的生活。

根據幾千份訪談的資料，我們計算了該給像是葛蘿莉亞或崔西這樣獨居的人多少補助，這是一種拿一定金額來消除孤單的方法，因此機構組織得以了解我們的不快樂代價高昂。

各位可以想像，這個金額一定百萬起跳。我們使用和紐西蘭政府相同的系統，計算出應該要給每個感到孤獨的人的錢，用以鼓勵他們恢復到一般人口的精神值，不多不少約是四百萬歐元（依據一個月一千五百歐元的薪水）。換句話說，只要收到這四百萬歐元補助，看起來微不足道的一大筆錢，葛蘿莉亞或崔西就能恢復到獨居前的精神狀態。沒錯，這筆錢不能涵蓋所有費用，但是這類理論計算結果能確實傳達，孤獨、壓力、霸凌等等，對社會來說是沉重的成本。我們不能繼續只用產生多少利益的數字來評估，因為這樣的評估是無視大多數真正對我們生活來說重要的東西。人們的快樂應該也要是拿來評估政策是否成功的一部分。

各個國家的孤獨感

既然孤獨會付出巨大的社會成本，那麼要怎麼解決？如同在前幾章說過，從比較自己和其他國家是個絕佳起點，看看哪個文化的人們感到不那麼孤單，並研究我們能從他們身上學到什麼。從國際學生能力評量計畫的報告，我們觀察到西班牙人無法從其他國

249

家學到太多，因為他們的青少年是第二個感到比較沒那麼孤單的國家。這一次，應該是世界向西班牙取經。有較多年輕人說感到孤單的是多明尼加共和國，那兒有高達28%的年輕人說自己在學校感到孤單，亞塞拜然（27.6%）、俄羅斯（27.3%）、保加利亞（26.2%）和菲律賓（26.1%）。比較少年輕人說感到孤獨的國家是荷蘭（7.6%）、西班牙（9%）、葡萄牙（9.6%）和比利時（9.8%）。在下一張圖37，可以看到完整的排名，這是根據超過五十萬份訪談資料所製成：

國家/地區	比例
多明尼加	28 %
巴庫(亞塞拜然)	27.6 %
俄羅斯	27.3 %
莫斯科地區	26.3 %
保加利亞	26.2 %
菲律賓	26.1 %
韃靼斯坦	25.6 %
摩洛哥	25.5 %
土耳其	24 %
立陶宛	23.8 %
泰國	23.6 %
美國	23.5 %
澳門	23.4 %
巴西	23.2 %
卡達	22.9 %
汶萊	22.8 %
巴拿馬	22.5 %
烏克蘭	22.2 %
阿拉伯聯合大公國	22.1 %
香港	21.8 %
摩爾多瓦	21.7 %
約旦	21.6 %
斯洛伐克	21.4 %
加拿大	21.2 %
哈薩克	20.8 %
智利	20.3 %
澳洲	19.9 %
北上廣深(中國)	19.4 %
烏拉圭	19.2 %
波蘭	19.2 %
捷克	18.8 %
拉脫維亞	18.8 %
哥倫比亞	18.8 %
馬爾他	18.3 %
馬來西亞	17.9 %
紐西蘭	17.7 %
沙烏地阿拉伯	17.4 %
阿根廷	17.3 %
新加坡	17.2 %
冰島	17.2 %
格魯吉亞	16.9 %
塞爾維亞	16.7 %
愛沙尼亞	16.4 %
波斯尼亞和赫塞哥維納	16.4 %
墨西哥	16.2 %
哥斯大黎加	16.2 %
瑞典	16.1 %
英國	15.9 %
印尼	15.8 %
蒙特內哥羅	15.6 %
秘魯	15.4 %
羅馬尼亞	15 %
中華台北	15 %
盧森堡	14.9 %
白俄羅斯	14.7 %
匈牙利	14.4 %
斯洛維尼亞	14.3 %
奧地利	14.2 %
挪威	14.1 %
芬蘭	14 %
希臘	13.7 %
愛爾蘭	13.7 %
克羅埃西亞	13.5 %
科索沃	13.3 %
越南	13 %
法國	12.6 %
義大利	12 %
德國	11.7 %
日本	11.7 %
瑞士	11.3 %
丹麥	11.3 %
阿爾巴尼亞	10.1 %
韓國	9.8 %
比利時	9.8 %
葡萄牙	9.6 %
西班牙	9 %
荷蘭	7.6 %

只有9%的西班牙年輕人在學校感到孤獨

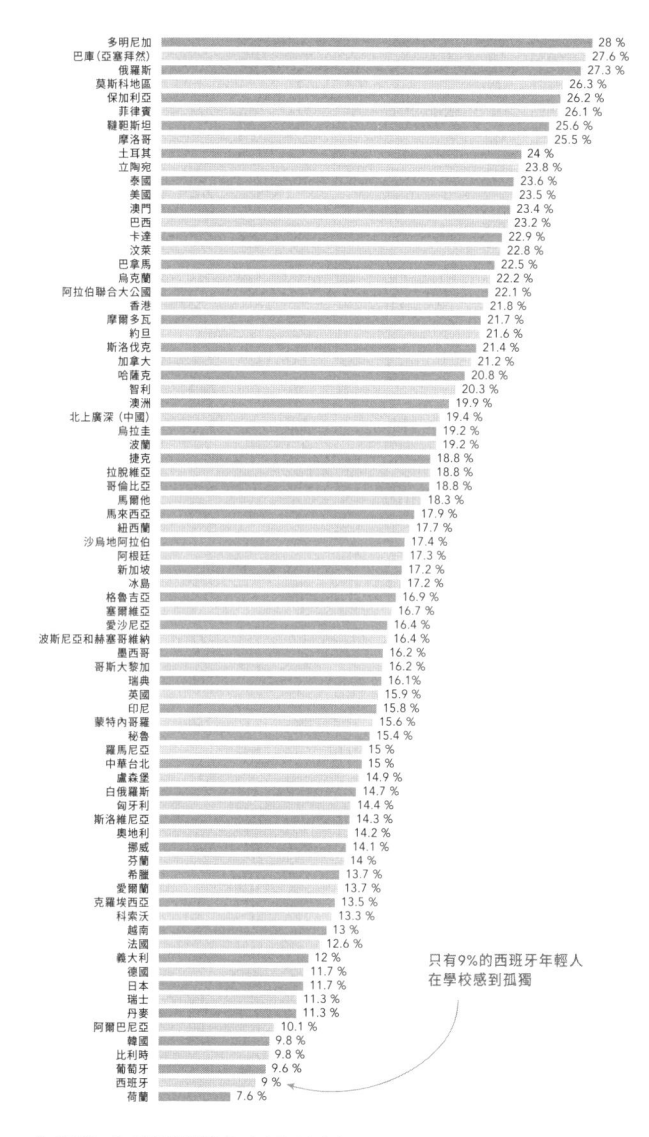

圖37：在學校感到孤單的年輕人比例

國際學生能力評量計畫報告。根據五十三萬零四百八十二份訪談資料。

西班牙人該怎麼向世界示範,年輕孩子是怎麼在學校這麼合群和團結?多虧有國際學生能力評量計畫的報告,我們可以分析哪種社會條件會讓青少年感到孤獨,以及大多數說向心力很強的學生所就讀的學校做了什麼,最後來回答這個問題。分析過後,我們觀察到第一區分孩子在學校感到孤獨與否的國家的原因,就在本書:父母在情感上的支持,我們已經大範圍談過這個題材。

第二個關鍵原因,是霸凌的橫行程度,在西班牙這一部分不那麼普遍。調查詢問青少年他們是否在班上會被其他同學嘲笑、搶東西、散布關於他們的謠言等等,這些問題帶出的是,青少年感到孤獨的國家,他們有較大的比例在學校遭受欺侮。參與問卷的六千六百三十四名菲律賓青少年,問他們是否在最近一年來曾感到被同伴排擠,其中四千四百二十一位回答有,比例高達67%。在相反的一方是西班牙:回答問卷的兩萬七千兩百一十四位青少年,只有四千零九十位(約15%)回答肯定的答案。這個比例也算高,但是已經是世界上最低的幾個國家。如果我們依然只擔心在國際上的語言、數學和科學排名,就得繼續承受學校惡化的結果。相反地,如果我們認為教育系統的強項應該是學生的團結和互相尊重,那麼我們就能引以為傲。我們也來談一下這一塊。

最後,根據國際學生能力評量計畫報告,學生比較不那麼孤獨的第三個原因,是根據家長是否參與學校活動的政策。國際學生能力評量計畫報告寄問卷給學生家長以進行評估,問他們孩子的學校是否會邀請家長參加校務,學校和家長之間是否溝通順暢,是

252

否會請家長參與學校決策。越多家長回覆肯定答案的國家，正是那些比較不孤獨的孩子的國家。

我相信，在舉完這些範例後，任何用來教導家長哪種對孩子的情緒教育好或哪種不好的新做法，不論是在學校內還是學校外，加總起來，對於我們的福祉都有難以估計的長期影響。

成年後的孤獨感

畢業之後，我們許多人會踏入一生中最孤獨的幾個階段。一旦離開學校體系，我們的生活會遇到越來越多變化，也越來越難以得到認識其他人所需的條件：接觸的機會，持續不斷的偶然互動，以及有個能讓人放下戒心和信任他們的環境。

接觸和不斷互動的機會在離開學校後，只能在工作環境找到，但是我們大多數人經常換工作。而且不幸的是，職場往往太過競爭，讓很多人寧願藏起自己脆弱的那一面。當孩子們陸續出生，這件事變得難上加難。中年或許會帶來另一種改變，比如子女離巢或者所愛的人過世，這無疑讓我們陷入本以為不可能到來的孤獨感。因此，我們也需要仔細分析哪一個感到孤獨人數的比例國家排名表，是根據歐洲社會調查（European Social

253

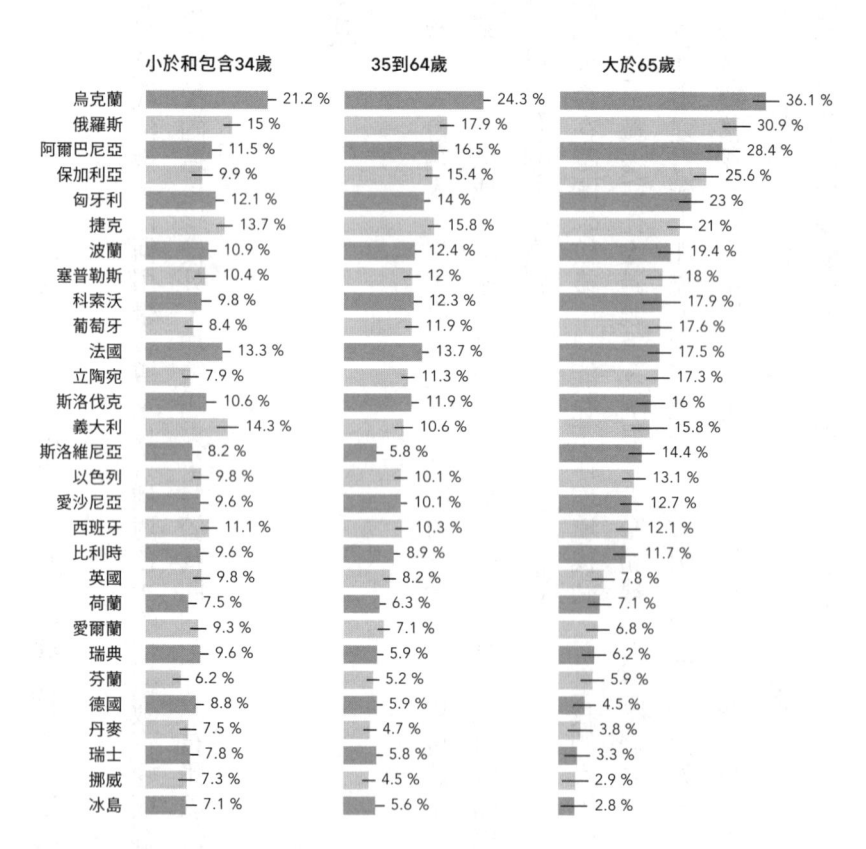

Survey)的資料,約九萬四千份訪查;這張圖分為三種不同的年紀:小於三十四歲(左邊),介於三十五到六十四歲(中間),和大於六十五歲(右邊):

	小於和包含34歲	35到64歲	大於65歲
烏克蘭	21.2 %	24.3 %	36.1 %
俄羅斯	15 %	17.9 %	30.9 %
阿爾巴尼亞	11.5 %	16.5 %	28.4 %
保加利亞	9.9 %	15.4 %	25.6 %
匈牙利	12.1 %	14 %	23 %
捷克	13.7 %	15.8 %	21 %
波蘭	10.9 %	12.4 %	19.4 %
塞普勒斯	10.4 %	12 %	18 %
科索沃	9.8 %	12.3 %	17.9 %
葡萄牙	8.4 %	11.9 %	17.6 %
法國	13.3 %	13.7 %	17.5 %
立陶宛	7.9 %	11.3 %	17.3 %
斯洛伐克	10.6 %	11.9 %	16 %
義大利	14.3 %	10.6 %	15.8 %
斯洛維尼亞	8.2 %	5.8 %	14.4 %
以色列	9.8 %	10.1 %	13.1 %
愛沙尼亞	9.6 %	10.1 %	12.7 %
西班牙	11.1 %	10.3 %	12.1 %
比利時	9.6 %	8.9 %	11.7 %
英國	9.8 %	8.2 %	7.8 %
荷蘭	7.5 %	6.3 %	7.1 %
愛爾蘭	9.3 %	7.1 %	6.8 %
瑞典	9.6 %	5.9 %	6.2 %
芬蘭	6.2 %	5.2 %	5.9 %
德國	8.8 %	5.9 %	4.5 %
丹麥	7.5 %	4.7 %	3.8 %
瑞士	7.8 %	5.8 %	3.3 %
挪威	7.3 %	4.5 %	2.9 %
冰島	7.1 %	5.6 %	2.8 %

圖 38:依年紀區分的孤獨人群比例

資料來自歐洲社會調查二〇〇六年至二〇二〇年間一共 93,921 筆回答。

我們可以看到，幾乎所有的年齡層都有，但大於六十五歲的人比例特別高，最多孤獨人口的國家是烏克蘭、俄羅斯，和阿爾巴尼亞，最少孤獨人口的國家是冰島、挪威、瑞士和丹麥。西班牙在中下層比例，和青少年孤獨感的位置落差很大。同樣的結果也出現在更多的調查當中。

我在丹麥分享這份結果，每個聽到的人都揚起眉毛，露出不敢相信的表情。北歐國家怎麼可能是比較不孤獨的國家？而那些住過其他國家又熟知北歐文化的人更是懷疑。

我是他們其中一個。我住在丹麥九年，和我住在同一棟大樓的鄰居沒有一個特別友善，也沒有一個工作上的同事能當長期的朋友。我有個小故事，上次我們搬離哥本哈根的一間公寓時，對面的鄰居竟然問我們是要搬進來還是要搬走，但是我們住在那裡一年半，每次在大門口碰面都會打招呼。他不認識我們。這是在丹麥左鄰右舍之間的連結程度。

這些資料肯定了我那次的個人經驗：根據歐洲生活品質調查（European Quality of Life Survey）的資料，介於 73% 和 78% 之間的西班牙人在二○一一到二○一六年間，感覺和所住地區的鄰居緊密連結，同時期在丹麥比例下降到 60%，至少掉了十個百分點。此外，也是全歐洲最低的比例。

海外生活和工作網站「InterNations」根據超過一萬兩千名受訪者的資料，發布「旅外人士圈內人」（Expat Insider）二○二一年度調查報告，也證明了北歐國家是最難交朋友的地方。這份報告多年來調查和分析旅外人士對所移住的國家的經驗。問卷的其中一

255

個問題是新移住的國家的文化是否「友善」。二○二○年分析了五十九個國家，丹麥排名第五十七名，瑞典在第五十六名，挪威落在第五十一名。

我訪問過目前住在和曾經住過西班牙的丹麥人、芬蘭人和瑞典人，因而了解了他們對於西班牙人際往來方式給予相當的肯定，這是他們在出國後才注意到的不同：

我當然比較喜歡在西班牙的社交方式。丹麥人很難相約出門。

——安娜・伊莉莎白，丹麥人，住在馬德里

西班牙連超市的收銀員都有時間聊各種事，根本不在乎後面有多少人排隊。

——索妮亞・弗赫勒，丹麥人，住在西班牙米哈斯

大多數北歐人不太交朋友，只要有童年時的朋友就夠了，比起在歐洲南部和中部，那邊的人比較能敞開心胸交朋友，成年以後也一樣。

——亞奇・卡爾凱寧，芬蘭人，曾住過六個歐洲國家，上一個和目前的國家是丹麥和瑞士

看過他們的經驗，很難相信北歐人是比較不感到孤獨的一群。當我拿出這些結果時，

256

最常聽到的評語是受訪者說謊。這句話分別出自兩個丹麥女性朋友，而且是在不同的聊天場合，她們說丹麥人不想承認自己沒朋友。這個說法很有吸引力，可是我不認為正確。如果我們難以接受背離正面形象的感覺，的確會影響有關福祉的所有評估，但是我們有統計分析工具，用來測定如果用在孤獨感調查上的適用程度。這些工具主要是確認離婚、伴侶過世、獨居，或家庭失和的人，是否比有人陪在身邊還要備感孤獨。大致上，如果一個文化抗拒承認自身的孤獨感，那麼應該比較難表明對自身處境的感覺。換句話說，我們所知道的人的生活，和從他們口中說出的感覺應該會有出入。然而，我用多元線性迴歸分析法，分析一份在義大利、西班牙和希臘所做的約八千名訪查樣本，和另一份在瑞典、丹麥和挪威大約四千份樣本，我沒發現任何偏誤。北歐人關於孤獨感的回答似乎是坦白的，就如同南歐居民也一樣坦白。這份分析並不是第一群人說謊的絕對證據，但是老實說，我相信當一個北歐人說他對生活很滿意或沒感到孤獨，是真的如此，儘管我們實在難以相信。

所有我所訪問過的研究孤獨感的專家，每一個都指出一個主要原因：北歐人對自己的人際關係期望不高。譬如，這是荷蘭皇家人口研究學院（NIDI-KNAW）的研究學者蒂內克・福克馬（Tineke Fokkema）的解釋，她同時主持一項大規模研究調查，分析在不同歐洲國家的孤獨感有什麼不同處：

住在歐洲北部的老年人,比起住在歐洲南部和東部的同齡人口,在平均上比較不感到那麼孤獨。當我把結果在課堂上拿出來,往往引起聽眾一陣驚訝聲,因為我們大致上都有刻板印象,那就是北歐人比較冷漠,家庭關係比較疏離等等。

……我深深相信,原因跟我們對人際關係的期待不同有關聯。總之,孤獨感和你跟其他人的接觸沒有太大關係,而是跟你需要接觸多一點或少一點有關係。在南歐,老年人和家庭的關係比較緊密(在某種程度上,是因為存在著年輕人要照顧老年人的觀念,這有時也是一種需求)。因此,對和子女之間的關係期待比較高,而這些期待很有可能落空,譬如週末沒來看他們。

一開始,我覺得蒂內克.福克馬的答案沒那麼有說服力,理由很簡單:如果孤獨感是根據一個人對其他人的期待和接觸的平衡,為什麼對於南歐來說,這種平衡會傾向孤獨感的那一邊?沒錯,這些歐洲區域的老年人期待兒孫來拜訪,但是他們也有更多其他的訪客。那麼,為什麼他們會比北歐人感到更孤獨?分析資料過後,我發現孤獨感和其他在這本書探討過的情感一樣是對比的問題,這種對比就能解釋這種矛盾的結果。如果一個人習慣頻繁社交生活,很有可能孤獨感也比較強烈。南歐人習慣和他人特別親近,這也反映在統計數字上面。

乍看很難以相信南歐頻繁的社交關係,竟是導致孤獨感的主因,實在矛盾,但是這

也發生在其他許多的情緒。比如我說過的，我們是史上最沒有理由感到無聊的世代，然而，我們也最怕感到無聊。這聽起來很矛盾，但是我們都贊同這種感覺。理由就是對比。

我真的相信孤獨感也是一樣。

我在前幾章公開我的四段戀情，當時所感到的快樂和不快樂，就是社交越是頻繁越感到孤獨的最好證據。當我描述三段不同戀情的開始和結束，可以清楚看到在最初幾個月「累積」的快樂相當於在最後幾個月「失去」的快樂，因此快樂和不快樂的平衡差距很小。這是因為當一段戀情越是緊密，在分手時越會感到悲傷和孤獨。換句話說，我們會越難離開戀愛對象。這也可以用在孤獨感，在社交關係比較頻繁和緊密的國家，變成孤單時會帶來比較大的打擊。

在圖39，各位可以再一次看到我和四任

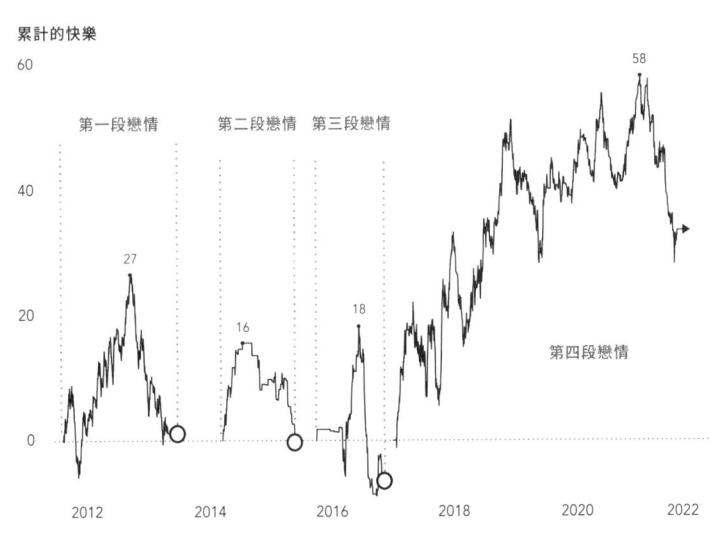

累計的快樂

第一段戀情　第二段戀情　第三段戀情

第四段戀情

圖39

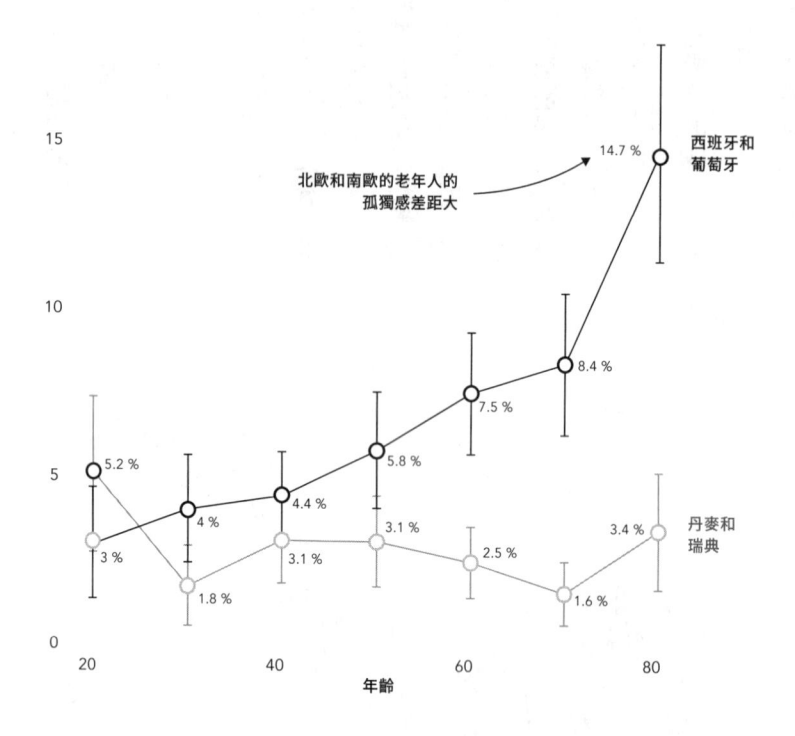

女朋友累計的快樂：由此推論，在西班牙，當一個老人失去另一半，或者行動不方便，不能和以前那樣經常參與社交生活，對他的孤獨感的影響會比較深，遠超過那些原本就有同樣遭遇的人。儘管南歐人在年輕時，大致上都能保持相當高頻率的社交生活，但年老之後，機會也難免會減少。這或許能解釋為什麼北歐和南歐之間的孤

圖表：縱軸為百分比（0至15），橫軸為年齡（20至80）。

西班牙和葡萄牙：5.2%, 4%, 4.4%, 5.8%, 7.5%, 8.4%, 14.7%
丹麥和瑞典：3%, 1.8%, 3.1%, 3.1%, 2.5%, 1.6%, 3.4%

註記：北歐和南歐的老年人的孤獨感差距大

圖 40：各個年齡「一直或幾乎是一直」感到孤獨的比例

「你最近幾個禮拜過得好嗎？」回答「一直或幾乎是一直」感到孤獨的比例。資料來自歐洲生活品質調查（European Quality of Life Survey），一共 79,805 份回答。

獨感差距在第三段年齡後特別明顯：

我們可以看到，說自己「一直或幾乎是一直」感到孤獨的西班牙和葡萄牙年輕人的比例，和在丹麥和瑞典的比例相近，但是在五十歲到六十歲之間在南歐的孤獨感開始拉大差距，直到七十五歲到八十四歲之間到達最大值，有 14.7% 的老年人說他們感到孤獨。

福克馬認為北歐和南歐對期待的不同，吻合了我為了這本書而訪談的一些人的想法，他們熟識丹麥社會也了解南歐的社交方式。以瑪麗內拉·班德茲為例，她是個希臘和丹麥混血女孩，在十三歲以前住過西班牙、希臘和馬其頓，之後移住丹麥，在這兒度過了人生的二十年：

丹麥人不像南歐人對朋友期待很高。在丹麥，人們被教導要尊重他人隱私，不要過問他人的事情，因此，他們比較獨立，不期待朋友的幫助，所以得失心也不會太重。

至於老年人，瑪麗內拉遠在希臘的祖父母如果看不到孫子經常來拜訪，會感到孤獨，但是在丹麥不會這樣：

我的丹麥朋友每隔一陣子會去看他們的祖父母,見面時總會度過愉快相處時光,但是每次我打電話給祖父母只會聽到責罵:「妳跑哪兒去了?妳忘了我們了嗎?」

萊思莉‧凱若‧迪亞茲是來自烏拉圭的護士,已經在丹麥住了二十年,負責照顧老年人。她對北歐老一輩人顯然比較不孤獨的看法差不多,但是有一點很重要,那就是丹麥老人若住進安養之家,不會覺得自己被子女「遺棄」。丹麥人從小就習慣「制度化」,她說,這是婦女早在很多年前就進入就業市場的自然結果。在一九八三年,有58%的婦女工作,比起三十年後的西班牙還高五個百分點(二〇一六年約54%)。因為這樣,北歐社會不得不很快習慣由國家來照顧子女和老年人。這個看法,也與克莉絲汀‧斯旺(Christine E. Swane)不謀而合,她是長者社會包容基金會的主任:

在北歐,國家會在婦女進入就業市場後,開始提供照料、活動、住所……在這裡,年紀大了之後,過著快樂的獨居生活並不奇怪,他們有專業人士照顧,因為自立具有很重要的價值。但是對住在丹麥的移民來說不是這樣,對南歐國家來說也不是,在那兒這種改變還需要時間。在那裡,老人對於親朋好友在身邊和接受照顧有高度期待,這些是在現代社會無法提供的,因為家庭的搬遷非常頻繁。

我們從北歐國家學到，孤獨難以內化成我們文化的一部分：由國家代替子女來照顧，而這是男女平權自然而然產生的結果。對許多人來說，把家中長者給專業人士照顧聽起來似乎很悲傷，但在那些國家卻是最常見的事實，老年人其實沒感到那麼孤單。

西班牙是不是會走向如同北歐國家的方向，還難以知道，但是就我們在本書所看到的，依賴人口的高度期待顯然不能再加諸在備感壓力的勞工身上──正確說來是在婦女身上。情況勢必要改變。

對抗孤獨的建築

北歐的老年人說他們不像南歐人備感孤單，這是事實沒錯，儘管我們難以相信，但進一步研究原因無妨。在丹麥，解決孤獨問題的一項措施來自「Realdania」建築事務所，這是一個和快樂學院合作的非營利組織，透過對城市環境的研究，打造關係更為緊密的社區。事務所的不動產部門已經投資幾百萬歐元在建造各種型態的建築物，接下來只要宣傳和介紹這些建築物，以期居民住進社區後能感到彼此關係更加緊密。

「Realdania」建築事務所推動的第一批社區，是圍繞一個公共空間而建造的屋子，左鄰右舍可以在這個空間一起用餐、聊天，或進行任何活動。隨著時間過去，他們發現這種型態的社區不一定有用，因為公共空間需要居民主動頻繁使用，因此和他人的互動

並不是自然的,而是需要居民的行動。而能夠讓居民和鄰居互動的比較有效方式,是在路上的偶遇,比如在大門口、銀行、信箱區⋯⋯需要仔細思考如何把公共空間變成家門外自然延伸的場所。

這類的想法很重要,我的祖父在人生最後幾年如果能住在這樣能社交的建築物,就不需要家人覺得有必要不斷的把他帶出門透氣。我的祖父那時住在一棟十二層樓的公寓的九樓,裡面住了大概有上百個人,但是他大多數時間都待在家裡。自從通訊軟體開始盛行,公寓的鄰居間的互動開始變得頻繁,但是像我祖父這樣的人就被排除在外。如果能在鄰居自然往來的公共空間擺上一張長凳,或許就能很有幫助,他能坐下來休息,和他們聊聊天。但很不幸地,大門口或公寓的對面人行道上這類的通行空間,並沒有這樣的機會,因此鄰居之間很少交際,如果有,也只是在搭電梯時的短暫相處。我們之前說過,儘管孤獨似乎是私事,但光是透過打造建築也是促進人們找到朋友的重要方式。

亨利克・曼克(Henrik Mahncke)在「Realdania」建築事務所擔任分析師,負責檢視城市環境對人群之間連結的影響。他指出,關鍵在於公共空間,譬如花園或建築物頂露台,就能促進人群的連結,居住郊區的人就比城中心的人跟社區的關係緊密。但是曼克認為還少一樣東西。對一個個性內向的年輕人來說,搬進學生宿舍要比獨自住在公寓還糟糕,因為在那裡個個都是社交高手,而有一種更可怕的孤獨是,明明周遭圍繞人群,卻無法跟任何人連結。類似這樣的例子,曼克建議蓋專門給內向學生的宿舍,或者乾脆

264

打造擁有同樣價值觀的社區。

基於這個理念，一棟叫「狗屋」（Doghouse）的公寓大樓於是誕生，在這裡不但可以養寵物，而且還是必需的條件。就在我們上一次訪談前不久，曼克才剛剛參觀完那棟公寓，他告訴我結果非常成功：「左鄰右舍對社區的凝聚力很強烈。」原因就是所有住戶都有共同點，狗的確鞏固了和其他住戶的關係。曼克想要在其他地方建造同樣的公寓，但是要給愛好音樂的人，還要在地下室打造試演廳。

儘管現在我們還沒受孤獨的問題影響，但是我們應該要意識到，我們社區有很多人感到孤獨。我們已經看到，政府幫助他們不需要大筆投資，只需要把預算用在對的地方。要做到這一點，可以問人民感覺如何，能為他們做什麼，這會是個好的開始。

總結，孤獨的社會根源

這本書在這一章結束了。我們從研究年輕人口的自尊心的影響開始。接著我們分析壓力，並發現國家的最大重擔落在勞工肩上。現在分析社會上的孤獨的來源，談到的是第三階段年紀，也就是老年人口。所以各位看到了，造成我們社會不快樂的三大主因，似乎也是我們人生自然必經的三個階段。

孤獨讓我們看到，政府的投資收益不能只看成本和利益的結存，也要依據人口的「社會成本」。而正如同各位所見，我們福祉面臨的一個最大威脅，是長者只能藉著看電視看外面的生活，或者子女只能從教室窗戶看下課時間的情形。如果我們想要大眾輿論討論孤獨，就要開始評估，了解我們要面對的問題有多大。

在學校不孤獨的學生的國家排名是個好例子，因為西班牙還在繼續為教育理想奮鬥，他們的年輕孩子比較不感到被大家排擠；為什麼在西班牙從未討論這一點？為什麼還是把那些青少年在學校飽受自尊心傷害和孤立問題折磨的國家當作典範？原因就是西班牙還是把焦點放在名次，這個分類人口優劣的工具已經是上世紀的東西。

儘管如此，西班牙在孤獨排行榜上的位置，卻隨著年老而下滑，北歐國家是在

266

這方面應該看齊的典範，這也證明孤獨是比我們想像還要複雜許多的感覺。打擊孤獨，並不是只要身邊隨時圍繞著人，也不是每晚出去參加派對。正如同美國歌手珍妮絲・賈普林（Janis Joplin）說過：「我在舞台上和兩萬五千人做愛，但是之後回到變成孤零零一個人。」要根除孤獨，就要了解每個人在情感上的複雜需求。如果想解決這個問題，卻沒注意到其中的複雜程度，很可能徒勞無功。

正如同我們在這一章看到的，要鞏固我們的人際關係，關鍵在於接納，或者換句話說，至少要找到一個真正了解我們的人。要做到這一點，我們應該要建造可以和其他人自然互動的空間，而不是刻意營造。另一個關鍵是，在社區鼓勵坦誠相待，這是在我們現代完美主義的社會越來越難做到的一點。我們不必像在公共場所或在網路上那麼造作，只因為怕被拒絕，而這種恐懼症是讓我們只能維持表面關係的阻礙。最後，我們想感受他人接納，最有效的方式，無可否認的，是他們能讓我們覺得特別。而找志工和老人談心，無助於減緩他們的孤獨，原因很簡單，因為沒人喜歡看到因為工作合約來送上微笑的人。如果我們不能察覺這一切，孤獨將會是我們社會繼續擴大的問題。

儘管南歐人不會放棄原本的社交方式，還是能從北歐國家學習一些東西。那裡的人是率先使婦女進入職場的先鋒，而在這個時代可以學的一課，是依賴人口的照顧不能一直交在家人的手中。在他們的社會，老年人說比較不孤獨，很矛盾的並不

是子女照顧父母，而是高比例住進安養中心。我們應該向他們學習的不可思議一課，是學會別再污名化那些照顧長者的機構，就從新世代開始做起吧，他們還沒開始認為沒有子女照顧很丟臉。要做到這一點，就要讓照顧長者的機構不只是來送飯或是打掃他們環境，陪伴也是重要的一環，這個人類的需求遠比個人的衛生需求還要重要。我想，要結束這一章，最好的方式是想像有一個社會，在那裡長者感覺自己在社區受到重視，直到走完生命最後的歲月。

後記

最後，我們從現在開始，該對進步有什麼期待？

這本書不是提供如何變快樂的指南，而是提供科學的工具，讓我們探究那些快樂保證是否真的有用。運用這個工具，我們發現打造長期的福祉，要比我們以為的還要困難許多，甚至是難以達到。我們的祖先歷經物競天擇生存下來，受制天性永遠無法滿足，總是不停追求改善自己的處境，不管要花費多少力氣，而這些基因遺傳給了我們。我們與生俱來永遠不滿足的心，不管我們通過再多的考試，談過再多的戀愛，我們總是一再重蹈覆轍，想著到其他地方或下一個人會更好。最終的快樂就在那裡，或者這一次一定會在加薪或到其他城市展開新生活後找到快樂。但是最終的快樂永遠不曾出現。這個發現，不是這個工具的缺點而是強項，讓我們終於懷疑起灌輸在腦袋裡，快樂是輕易得到而且長久不衰的說法，而真相卻是複雜許多。

這個證實，對我們的社會有直接的影響，因為經濟繼續成長並不會提升我們的感受。

儘管我們擁有祖父輩所夢想的一切，卻沒有人如預期中過得好，理由就是，我們要享受所擁有的，必須偶爾要有缺乏感。在過去無法溫飽的年代，物質的進步可以解決我們大

多數的問題，但現在我們豐衣足食，我們所需要的是心靈上的滿足，而過去的福祉來源已經不夠用。資本主義不再能夠拯救我們時代的大問題，像是罹患心理問題人數增加，壓力和孤獨流行病，對外表不滿，飲食失調，或者離婚潮⋯⋯在很多例子中，擁有大量的物質是引起心理問題的主因。

為什麼會這樣？答案就是，現在對我們的福祉進步的方式是看不出來的。像是上司對待我們的人道方式，並沒有算在成本和收益的結存，或者同事間的信任也是分配預算人員要看的重要一點。同樣地，夫妻之間的溝通不是要項，父母的愛也沒出現在競選項目中。重點在於，這些事項並非不重要，而是並未拿來評估，不評估的東西似乎就不存在。但是政府高層應該了解，要重拾和民眾的連結，應該要回來談這些事，這才是每天影響我們的東西。

有18.3%的勞工朋友因為工作，沒有時間和家人相聚，而有14%的老年人備感孤獨。至於年輕人，有三分之一對外表不滿意，其中很高比例缺乏父母在情感上的支持。如果我們依舊把競爭力和生產力看得比福祉還重要，那麼所有這些問題無法得到解決。一旦我們不解決這些問題，就勢必要增加治療心理問題的專業人士，但是對於社會問題，這只是治標不治本。

如果我們對於經濟成長的期待，是逐漸提高我們的感受，這個數字就值得我們思考。人們不再隨著財富累積而變得更快樂。國家若想以人民的福祉為重，應該要開始問他們

270

過得好不好，聆聽他們檢討今天是不是值得的一天，或者對生活滿不滿意，採信所有人心裡肯定的答案。如果大多數人民的答案是否定的，那麼我們應該調整方向，不管這條路是不是很遠。這是經濟合作暨發展組織（OECD）要求我們要做到的，也是聯合國永續發展目標，這一系列目標可作為用科學方式評估福祉的實際參考，已經納入了我們的政治議程。如果無法評估福祉，恐怕我們一輩子都會以為自己在進步，實際上卻是越活越糟糕。

因此，在本書劃下句點之前，一定要知道我們的目標不是根除痛苦，把不快樂變成遙遠的回憶。不快樂是我們生活難免會遇到的一部分，我們應該加以接受。夢想和幻滅，無聊和興奮，愛情和悲傷，快樂和痛苦，都是相偕而來，我們無法拆散。作為父母不是愉快的過程，可是讓我們的人生充滿意義。夫妻關係一旦久了就會轉為平淡，但如果不是這樣就不是愛情。悲傷令人不愉快，但卻能拿來衡量我們和離去的人關係有多麼重要。

簡而言之，我們應該要徹底接受不可能一年三百六十五天都快樂的事實，但是這沒關係，因為人生不只有這件事而已。

國家圖書館出版品預行編目資料

快樂是一種選擇：100%提高幸福感的理想生存方式 / 亞歷山大・塞拉多 著；葉淑吟 譯.--初版.--臺北市：平安. 2025.01
面；公分. --（平安叢書；第0827種）
（Upward；167）
譯自：En defensa de la infelicidad - El estudio científico más largo jamás llevado a cabo sobre la felicidad del día a día

ISBN 978-626-7650-04-2 (平裝)

1.CST: 快樂 2.CST: 生活方式

176.51　　　　　　　　　113019897

平安叢書第0827種
UPWARD 167

快樂是一種選擇
100%提高幸福感的理想生存方式

En defensa de la infelicidad - El estudio científico más largo jamás llevado a cabo sobre la felicidad del día a día

© Alejandro Cencerrado, 2022
© Ediciones Destino, an imprint of Editorial Planeta, S.A.
© Graphics by Micah Kaats, 2022

Complex Chinese Copyright © 2025 by Ping's Publications, Ltd.
All Rights Reserved.

作　　者—亞歷山大・塞拉多
譯　　者—葉淑吟
發 行 人—平　雲
出版發行—平安文化有限公司
　　　　　台北市敦化北路120巷50號
　　　　　電話◎02-27168888
　　　　　郵撥帳號◎18420815號
　　　　　皇冠出版社(香港)有限公司
　　　　　香港銅鑼灣道180號百樂商業中心
　　　　　19字樓1903室
　　　　　電話◎2529-1778　傳真◎2527-0904

總 編 輯—許婷婷
執行主編—平　靜
責任編輯—張懿祥
美術設計—Dinner Illustration、單　宇
行銷企劃—薛晴方
著作完成日期—2022年
初版一刷日期—2025年1月

法律顧問—王惠光律師
有著作權・翻印必究
如有破損或裝訂錯誤，請寄回本社更換
讀者服務傳真專線◎02-27150507
電腦編號◎425167
ISBN◎978-626-7650-04-2
Printed in Taiwan
本書定價◎新台幣380元/港幣127元

- 皇冠讀樂網：www.crown.com.tw
- 皇冠Facebook：www.facebook.com/crownbook
- 皇冠Instagram：www.instagram.com/crownbook1954
- 皇冠蝦皮商城：shopee.tw/crown_tw